语言艺术
素质测评教程（第8册）

（适合六年级儿童阅读）

中国传媒大学凤凰学院 编著

中国传媒大学出版社

·北京·

图书在版编目(CIP)数据

语言艺术素质测评教程(第8册)/中国传媒大学凤凰学院编著. —北京：中国传媒大学出版社，2016. 8(2018. 11 重印)
ISBN 978-7-5657-1693-5

Ⅰ. ①语… Ⅱ. ①中… Ⅲ. ①语言艺术—儿童教育—教材 Ⅳ. ①H019

中国版本图书馆 CIP 数据核字（2016）第 080207 号

语言艺术素质测评教程(第8册)
YUYAN YISHU SUZHI CEPING JIAOCHENG(DI-BA CE)

编　　著	中国传媒大学凤凰学院
责任编辑	蒋　倩　李　明
封面制作	郭　琳　丁　晨
责任印制	阳金洲
出版发行	中国传媒大学出版社
社　　址	北京市朝阳区定福庄东街1号　**邮编：**100024
电　　话	86-10-65450528　65450532　**传真：**65779405
网　　址	http://www.cucp.com.cn
经　　销	全国新华书店
印　　刷	三河市荣展印务有限公司
开　　本	787mm×1092mm　1/16
印　　张	8.75
字　　数	72千字
版　　次	2016年8月第1版
印　　次	2018年11月第2次印刷
书　　号	ISBN 978-7-5657-1693-5/H·1693　**定　价**　39.00元

从娃娃抓起，创造动听的语言世界

“含英咀华，榴齿含香”，在中华民族琳琅满目的文化艺术中，语言艺术是其中最为璀璨的星光之一，从第一首儿歌开始，语言艺术就如影随形，紧紧地伴随在孩子成长的道路上。

语言艺术是一门独特的声音艺术，它能够将古今中外优秀的文学作品用声音进行艺术化的呈现；能够让一个个活泼可爱的动画形象活灵活现地跳跃在屏幕上；也是因为声音的魅力，让我们记住了孙敬修爷爷、康瑛老师、小叮当、小喇叭、邮递员叔叔……语言艺术的世界，是一个丰富多彩、充满创造力的世界，在这里孩子们可以自如地用语言来表达情感、感悟世界、展示自我。更为重要的是，语言艺术的学习和训练，能够提高孩子的综合素质，让孩子更加自信地走向广阔的大千世界！

语言艺术素质需要专业的训练和长期的培养，中国传媒大学凤凰学院组织的这套教材结构编排科学、系统，根据孩子的接受能力由易到难，进行语言艺术基础的专业训练和语言素质的全面提升。教材中包括绕口令、小快板、古诗词、现代诗、散文、小故事、台词配音、新闻通讯等多种文体，还有训练孩子语言逻辑思维能力的即兴评述、主持演讲等。每一训练材料后面都有教学重点和语言指导，方便老师教学、家长指点和孩子们自行练习。

通过这套教材，孩子们可以提升以下三个重要的能力：

第一，规范现代汉语普通话的运用。我国地大物博，语言文化丰富多彩，有些方言和汉语普通话相去甚远。在本套教材的语言艺术学习中，汉语普通话的规范发音是训练的基础。教材中很多地方专门针对容易犯错的发音进行了特别的提醒，可帮助不同地域的学生学习规范的普通话。另外，四声的变调、语气词的多种发音和多音字在教材中也有专门的练习，可较为全面地帮助孩子规范汉语普通话的表达与应用。

第二，诵读经典，加强中国传统文化学习。教材中的训练材料，选取的是《论语》《三字经》《弟子规》等中华传统文化经典，还有著名的散文、古代诗、现代诗等。通过这些经典的朗读背诵、深入解析，能够让孩子更为深刻地理解中华文化，这一点，是难能可贵的。

第三，提升孩子的语言艺术素质。语言艺术素质，是孩子综合素质的重要方面之一。语言表达能力强的孩子，能够更好地与人交往，能够更清晰地表达自己的想法，能够更全面地展示自己的优势，对孩子一生的学习、生活和工作都有益处。

从专业领域来说，中国传媒大学是我国语言艺术的摇篮，培养了铁成、虹云、雅坤、常亮、李修平、刘纯燕、敬一丹、白岩松、崔永元、欧阳夏丹等诸多优秀的播音员、主持人。中国传媒大学凤凰学院远见卓识，以教学总监张文星教授为学术带头人，从娃娃抓起，从“童子功”开始，将语言艺术人才培养提前了十五年！可以说，为我们语言艺术领域挖掘人才、培养人才作出了卓越的贡献！我作为老一代的语言艺术工作者，最欣慰的无非是看见毕生从事的事业后继有人，语言艺术行业能够人才辈出、蓬勃发展、蒸蒸日上！

希望孩子们能够勤学苦练，学而有成，让语言的魅力紧紧地伴随在他们的成才之路上；希望老师们能够知无不言、言无不尽，耐心教导，将更多的好苗子带到语言艺术的舞台上，指引他们攀登更高的艺术山峰；更希望家长们，能够尽早发现孩子的天赋，为他们搭建实现理想的天梯，在孩子遇到困难的时候鼓励他们，在孩子取得成绩的时候提醒他们，为孩子的理想之路保驾护航！

“海阔凭鱼跃，天高任鸟飞”，语言艺术事业需要一代一代优秀的接班人，孩子们也需要通过语言艺术素质的提高为自己的事业大厦添砖加瓦，愿孩子们能够从小立志，勇于攀登，推动我们的语言艺术事业蒸蒸日上，走向新的繁荣！

方明

二〇一五年十一月廿六日

前 言

中国语言艺术源远流长，唐代李白《游太山》诗之四云：“清斋三千日，裂素写道经。吟诵有所得，众神卫我形。”《晋书·儒林传·徐苗》中曰：“苗少家贫，昼执锄耒，夜则吟诵。”可见，用语言来表达文学艺术之美自古便有，且影响广泛。近代以来，随着中西文化的深入交融，戏剧、现代诗歌的传入以及后来此类艺术的本土化，更是极大地丰富了我国语言艺术的内容与表现形式。

语言艺术，是一门独特的艺术形式，有特定的规律和训练方法，其吐字发音、唇舌力度、气息控制等专业技巧需要多年的训练和积累才能达到技艺精湛的程度。语言艺术素质，是指在语言艺术的技艺要求之上，增加对语言表达能力、语言思辨能力的要求，以及通过语言艺术的学习和训练能够提高自身的沟通协调能力，提高学生的综合素质。

本套教材，囊括学龄前、幼儿至青少年的语言艺术专业训练，意在实现三重目标：

首先，打好语言艺术基础，由易到难、循序渐进。通过科学的步骤和全面的训练，高标准严要求，逐步达到播音主持、影视配音等语言艺术专业人员的业务要求。

其次，提高学生的语言艺术综合素质。在学习过程中，由表及里、融会贯通，将语言表达技巧、语言思维训练与文学文化水平的内化提升相结合，提升青少年阅读写作、表演表达、乐感乐理、逻辑思辨、形体气质等综合素质。

最后，养成坚定的意志和良好的习惯。学习的过程本身就是磨炼意志的过程。“学艺之道无他，锻炼意志第一”，通向艺术的大道上荆棘丛生，能够排除万难、坚持不懈并取得一定的成绩，这个过程，对于孩子的成长和成才是最为宝贵的。

基于此，本套教材共分为十二册，其中第一、二册主要针对学龄前儿童，以绕口令、小快板、儿童诗为主，主要培养孩子对语言艺术的兴趣，养成正确的语言习惯。

第三册到第八册针对小学生。小学阶段，是孩子打下语言艺术基础、激发孩子语言艺术潜力的关键时期，从小学一年级开始每个年级对应一册，和语文课堂教学遥相呼应，将拼音学习与语言发声相结合，夯实孩子语言艺术的专业基础，用绕口令、小快板巩固孩子的发声发音训练。与此同时，古诗、现代诗的朗诵练习，可增强孩子的文学理解与表达能力，也可扩展孩子的阅读、背诵范围。

第九、十两册主要针对初中阶段学生。这两册加大了语言表达训练的难度和要求，并将新闻播音作为学习和训练内容之一。

第十一、十二册两册主要针对高中阶段学生。新闻播音、节目主持、即兴评述等训练占整体内容的三分之二，着重锻炼孩子认识问题、分析问题的思辨能力和语言逻辑能力，同时为立志从事语言艺术行业的学生提供专业、实用、有效的训练和指导。

本套教材中有大量的语言指导和名家示范，旨在为孩子们的语言艺术学习提供规范、严谨和高水平的专业指导。

正所谓“古人学问无遗力，少壮工夫老始成”，“苟日新，日日新，又日新”，要想在一个领域有所建树，唯有少年立志，持之以恒、勤学苦练！希望本套教材能够帮助学生提升语言艺术的综合素质，为理想插上放飞的翅膀！

目
录

第一章　语音发声

——情感、语声、气息的结合

语言是传递信息和交流思想感情的工具。人在说话的时候，为了表达情感，达到传递思想的目的，语言会带有一定的感情色彩。这种感情色彩赋予了语言情态意义。一定的情态意义要靠一定的声音形式表现出来，情态意义越丰富，声音形式的变化越多。这个过程的完成包含了三个方面，分别是情感、语声、气息。

语言本身具有极大的灵活性。它可以在不同的环境下，在不同的气氛、心理状态、情绪和声调中，赋予不同的思想感情和感情色彩。我们可以通过以下练习来体会，在不同的情况下说同一句话：

“我考了95分。”

（上学期考了80分，经过本学期的努力，终于考到了95分，目标达到了，高兴地说这句话）

“我考了95分。”

（平时能考100分，这次由于粗心大意，只考了95分，担心父母责备，心怀内疚地说这句话）

在高兴地说“我考了95分”时，气息饱满，声音高亢；在心怀内疚地说“我考了95分”时，气息偏弱，声音低沉。不同的情感，会有不同的用气方式，不同的用气方式也就注定了声音表达形式的不同。因此情感先行，继而是气息形式的生成，紧跟着是声音形式的表现。“情是主导，思想感情状态的运动指导气息的运动，并组织发声器官的协同动作，才发出表情达意的声音来。气随情动，声随情出，气生于情而融于声。”这就是情、声、气的关系。

以上是情、声、气在生活语言中的运用，而在文章的表达中，同样存在情、声、气的结合。

情，指的是在语言表达过程中，表达者服务于播讲目的，由具体文章引发，并由有声语言表达出来、始终运动着的情感。情是进行表达与创作的依托。

声，指的是表达者依据稿件或话题，使用发声器官，运用表达技巧所发出的表达思想感情的有声语言。

气，指的是在表达过程中，为使有声语言传情达意，表达者控制自如地使用胸腹联合呼吸法所获得的发声动力。

我们以《小英雄雨来》的片段为例：

1. 雨来最喜欢这条紧靠着村边的还乡河。每到夏天，雨来和铁头、三钻儿，还有很多小朋友，好像一群鱼，在河里钻上钻下，藏猫猫，狗刨，立浮，仰浮。雨来仰浮的本领最高，能够脸朝天在水里躺着，不但不沉底，还要把小肚皮露在水面上。

播音时情、声、气的掌握：这个段落表达了雨来对自己家乡的热爱。日本侵略者没来之前，这里就是雨来玩耍的天堂。在这里生活，雨来感觉到幸福、快乐。朗读时小腹偏松弛，气息量较小；口腔状态相对松弛，面带微笑，暖声表达。

2. 妈妈不让雨来耍水，怕出危险。有一天，妈妈见雨来从外面进来，光着身子，浑身被太阳晒得黝黑发亮。妈妈知道他又去耍水了，把脸一沉，叫他过来，扭身就到炕上抓笤帚。

播音时情、声、气的掌握：因为雨来喜欢去河里玩耍，妈妈担心雨来出危险，所以一见到雨来又去河里玩了，出于关心、爱护，妈妈打心底里生气、着急；朗读时，小腹较上一段略紧张，气息量加大且略微下沉；口腔也紧张起来，语气严厉。

3. 扁鼻子军官气得暴跳起来，嗷嗷地叫："枪毙，枪毙！拉出去，拉出去！"

播音时情、声、气的掌握：侵略者的嘴脸是丑恶的、凶狠的、丧心病狂的，态度是蛮横的；朗读时，小腹收紧，膈肌弹发明显；口腔紧张，咬字用力，声音粗犷，语气凶狠。

言为心声，因此，我们进行播读创作时，往往是先根据稿件、话题的内容展开联想和想象，通过联想、想象调动自己的感情，再通过气息和形式展现出来，使听众可以感受到、体会到，听得到、“看”得见。

要朗诵出情、声、气完美结合的作品，需要从播音发声中注意以下几个方面的问题：

1. 气息

气息需要不停地运动、变化，更需要控制自如。

2. 声音的运用

要注意声音色彩的对比，用足、用够、用活。

3. 注重实践

拿到稿件后，从准备稿件到表达出来，要根据稿件、话题提供的线索，不断挖掘新的内容，找出新的感受，促进思想感情的运动。每分析一次稿件，会有更深的理解；每播读一次稿件，会有更深的感受。

情、声、气结合训练：

1. 真好！朋友送我一对珍珠鸟。放在一个简易的竹条编成的笼子里，笼内还有一卷干草，那是小鸟舒适又温暖的巢。

朗读指导：作者对珍珠鸟的到来是欢喜的，但是作为一个成年人，这种欢喜是内在的，因此不需要用浅气；后句描写珍珠鸟窝的温馨，朗读时可以延续前句气息，用声不需要过实。

2. 我笔尖一动，流泻下一时的感受：信赖，往往创造出美好的境界。

朗读指导：作者此刻心里是感动的，这种感受是在安静的状态下发自内心地表达出来的，因此，朗读时气息下沉，咬字着力，实声表达。

——以上均选自《珍珠鸟》

3.《“精彩极了”和“糟糕透了”》

记得七八岁的时候，我写了第一首诗。母亲一念完那首诗，眼睛亮亮的，兴奋地嚷着：“巴迪，这真是你写的吗？多美的诗啊！精彩极了！”她搂住了我，赞扬声雨点般地落到我身上。我既腼腆又得意洋洋，点头告诉她这首诗确实是我自己写的。她高兴得再次拥抱了我。

“妈妈，爸爸下午什么时候回来？”我红着脸问。我简直有点迫不及待，想赶忙让父亲看看我写的诗作。“他晚上七点钟就回来。”母亲拍拍我的脑袋，笑着说。

整个下午我都怀着一种自豪感等待父亲的到来。我用最漂亮的花体字把诗认认真真地重新誊写了一遍，还用彩色笔在它的周围描上了一圈花边。将近七点钟的时候，我悄悄走进饭厅，满怀信心地把它平平整整地放在餐桌的父亲的位置上。

七点。七点一刻。七点半。父亲还没有回来。我实在等不及了。我敬仰我的父亲。他是一家影片公司的重要人物，写过好多剧本。他一定会比母亲更加赞赏我这首精彩的诗。

快到八点钟时，父亲终于推门而入。他进了饭厅，目光被餐桌上的那首诗吸引住了。我紧张极了。

“这是什么？”他伸手拿起了我的诗。

“亲爱的，发生了件奇妙的事。巴迪写了一首诗，精彩极了……”母亲上前说道。

“对不起，我自己会判断的。”父亲开始读诗。

我把头埋得低低的。诗只有十行，可我觉得他读了几个小时。

“我看这诗糟糕透了。”父亲把诗扔回原处。

我的眼睛湿润了，头也沉重得抬不起来。

“亲爱的，我真不懂你这是什么意思！”母亲嚷道，“这不是在你的公司里。巴迪还是个孩子，这是他写的第一首诗。他需要鼓励。”

“我不明白”，父亲并不退让，“难道这世界上糟糕的诗还不够多吗？哪条法律规定巴迪一定要成为诗人？”

我再也受不了啦。我冲出饭厅，跑进自己的房间，扑到床上失望地痛哭起来。饭厅里，父母还在为那首诗争吵着。

几年后，当我再拿起那首诗，不得不承认父亲是对的。那的确是一首相当糟糕的诗。不过母亲还是一如既往地鼓励我。因此我还一直在写作着。有一次我鼓起勇气给父亲看一篇我新写的短篇小说。“写得不怎么样，但还不是毫无希望。”根据父亲的批语，我学着进行修改，那时我还未满十二岁。

现在，我已经有了很多作品，出版、发行了一部部小说、戏剧和电影剧本。我越来越体会到我当初是多么幸运。我有个慈祥的母亲，她常常对我说：“巴迪，这是你写的吗？精彩极了！”我还有个严厉的父亲，他总是皱着眉头说：“我想这个糟糕透了。”一个作家，或者应该说生活中的每一个人，都需要来自母亲的力量，这种爱的力量是灵感和创作源泉。但是仅有这个是不全面的，它可能会把人引入歧途。所以还需要警告的力量来平衡，需要有人时常提醒你：“小心，注意，总结，提高。”

这些年来，我少年时代听到的这两种声音一直交织在我的耳际："精彩极了""糟糕透了"；"精彩极了""糟糕透了"……它们像两股风不断地向我吹来。我谨慎地把握住我生活的小船，使它不被任何一股风刮倒。我从心底里知道，"精彩极了"也好，"糟糕透了"也好，这两个极端的断言有一个共同的出发点——那就是爱。在这种爱的力量下，我努力地向前驶去。

朗读指导：这篇文章表达了作者母亲的慈祥和父亲的严厉，尤其在人物对话里体现得格外鲜明。但无论是母亲的慈祥还是父亲的严厉，目的只有一个，就是为了鼓励作者继续努力。因此，在朗读前需要体会二者的感情，同时想象在生活中这些话应该怎么去说，结合我们前面讲过的理论知识，体会情、声、气的综合运用。

第二章　绕口令

1. 倒吊鸟

倒吊鸟

梁上两对倒吊鸟，
泥里两对鸟倒吊。
可怜梁上的两对倒吊鸟，
惦着泥里的两对鸟倒吊，
可怜泥里的两对鸟倒吊，
也惦着梁上的两对倒吊鸟。

教学重点

多数绕口令是内容幽默、简单，但读起来拗口的小故事。本着讲幽默故事的态度来读绕口令就会轻松得多，发声积极、气息流动感强。

语言指导

重点练习带有复韵母ao、iao的字和词，唇舌过渡自然，ao音归音到位，而iao音除归音到位外还应注意介音i的发音要短而轻。此外，全篇绕口令的声母以舌尖中音为主，即d、t、n、l，成阻时舌尖抵住上齿龈，力量需集中，持阻后根据各自特点除阻。这条绕口令难点在“倒吊鸟”与“鸟倒吊”以及“梁上”与“泥里”。当朗读“倒吊鸟”与“鸟倒吊”时，语速要放慢，把字音读准确。

2. 胡苏夫与吴夫苏

胡庄有个胡苏夫，
吴庄有个吴夫苏。
胡庄的胡苏夫爱读诗书，
吴庄的吴夫苏爱读古书，
胡苏夫的书屋摆满了诗书，
吴夫苏的书屋放满了古书。

胡苏夫与吴夫苏

教学重点

本条绕口令中重点练习以u结尾的字和词，如胡、吴、苏、夫、书、古等。

语言指导

单韵母u（屋）为合口呼韵母，朗读时口形为小圆形，用提起颧肌的方法避免过度撅唇。最后两句较长，可在“书屋”与“了”后面稍作停顿。

墙上一根钉

3. 墙上一根钉

墙上一根钉，钉上挂条绳，
绳下吊个瓶，瓶下放盏灯。
掉下墙上钉，脱掉钉上绳。
滑落绳下瓶，打碎瓶下灯。
瓶打灯，灯打瓶，
瓶说灯，灯骂绳，
瓶说绳，绳说钉，
叮叮当当，乒乒乓乓。

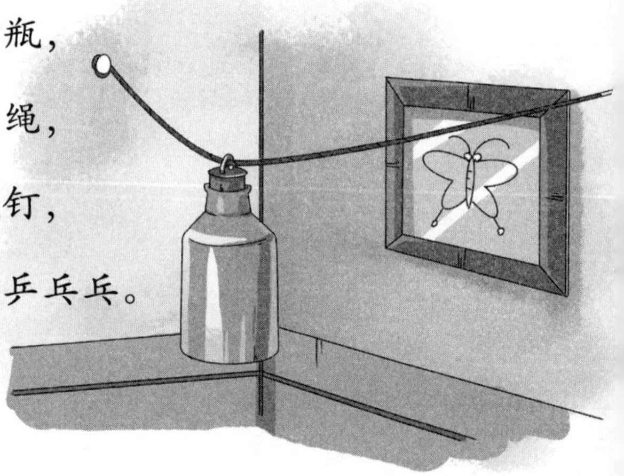

教学重点

练习带有后鼻尾韵母的字和词，归音要到位、准确。

语言指导

绕口令中每一句的结尾字都是后鼻音的字。读这些字时，需要注意结尾处的归音，舌根抵住软腭，抵住后即发音结束，不可再继续发音。“瓶打灯，灯打瓶，瓶说灯，灯骂绳，瓶说绳，绳说钉”这部分可连读，速度适当加快，其余部分速度放缓，要处理得生动、形象。

4. 风吹灰

风吹灰堆灰乱飞，

灰飞花上花堆灰。

风吹花堆灰飞去，

灰在风里灰又飞。

教学重点

读本条绕口令的过程中，双唇需要不断地收和展，因此，可通过本条绕口令，练习唇的噘展力量。

语言指导

绕口令中的字多数韵头为u，例如“吹”“堆”“灰”“飞”等。u音为圆唇音，唇形为小圆形，而后面的音素又为不圆唇音，因此，双唇需要不断地收展。为了使收展速度加快，可以采取收唇后略展再收唇的方式来朗读。

5. 朱叔锄竹笋

朱家一株竹，
竹笋初长出，
朱叔处处锄，
锄出笋来煮，
锄完不再出，
朱叔没笋煮，
竹株又干枯。

教学重点

通过本条绕口令，巩固舌尖后音的发音，即zh、ch、sh、r。

语言指导

舌尖后音，指舌尖与硬腭前段构成阻碍而发出的一种辅音。本着后音前发的原则，成阻部位可以稍向前移，在上齿龈后部即可。这条绕口令的停顿处理方式可运用五言诗的“二三式”，读出节奏感。

6. 陈庄和程庄

陈庄和程庄

陈庄程庄都有城，陈庄城通程庄城。

陈庄城和程庄城，两庄城墙都有门。

陈庄城进程庄人，陈庄人进程庄城。

请问陈程两庄城，两庄城门都进人，

哪个城进陈庄人，程庄人进哪个城？

教学重点

通过本条绕口令的练习，巩固前后鼻音的发音。

语言指导

前后鼻音的发音，主要区别是发音结束的归音部位不同，前鼻音归音时舌尖抵在上齿龈处，后鼻音归音时舌根抵在软腭部分。

7. 西关村东关村

西关村种冬瓜，
东关村种西瓜，
西关村夸东关村的西瓜大，
东关村夸西关村的大冬瓜，
西关村教东关村的人种冬瓜，
东关村教西关村的人种西瓜。
冬瓜大，西瓜大，
两个村的冬瓜西瓜个个大。

教学重点

灵活掌握词的轻重格式读音方法。

语言指导

说绕口令时要快吸慢呼。快吸慢呼是播音主持时常用的呼吸方式，可形容为“吸气一大片，呼气一条线”。“冬瓜”“西瓜”为重中格式；“东关村”“西关村”作为固有名词，应加重最后一个字，为中中重格式，而在文中为了区分对比，则加重“东”和“西”两个字。

8. 木板

搬木板摆木板，
摆木板搬木板。
摆罢木板搬木板，
搬罢木板摆木板。
先搬木板，后摆木板，
后摆木板，先搬木板。
搬木板又摆木板，
块块木板搬摆完。

教学重点

本条绕口令主要练习双唇音的发音，即以声母b、p、m开头的字。

语言指导

发双唇音时，双唇自然微闭，嘴角不要用力，不要裹唇，力量集中在唇的中央三分之一处，气息蓄积在双唇内侧，气流冲破阻碍，发出爆破音；注意读出节奏感。

谭老汉

9. 谭老汉

谭家谭老汉，挑担到蛋摊，
买了半担蛋，挑蛋到炭摊。
买了半担炭，满担是蛋炭。
老汉忙回赶，回家炒蛋饭。
进门跨门槛，脚下绊一绊。
跌了谭老汉，破了半担蛋。
翻了半担炭，脏了木门槛。
老汉看一看，急得满头汗。
连说怎么办，蛋炭完了蛋，
老汉怎吃蛋炒饭。

教学重点

这条绕口令除了练习舌尖中阻（d、t、n、l）之外，还练习了an的发音。我国北方地区的同学尤其需要加强练习，特别是山东、山西、内蒙古中部地区的同学。

语言指导

an音的发音方法：舌尖抵在下齿背后，嘴张开，舌位从中央低a位抬起，舌面前部接触硬腭前部，阻塞气流，使气流和声音从鼻腔通过，发出前鼻音an。归音时请注意，舌体主动上抬，下巴尽量不动。这条绕口令很有趣，动作感强。朗读时，语言要积极活泼、生动形象。

10. 老方和老黄

老方扛着黄幌子，
老黄扛着方幌子。
老方要拿老黄的方幌子，
老黄要拿老方的黄幌子，
末了儿方幌子碰破了黄幌子，
黄幌子碰破了方幌子。

教学重点

通过本条绕口令练习，可以加强舌部的力量。含有后鼻尾韵母的字连续出现时，舌根需要不断向后上抬起归音，这就要求舌根有力，不断推拉舌体运动。

语言指导

后鼻音在归音时，舌根向后上方抬起与软腭接触，阻塞气流，使声音和气流从鼻腔通过，点到即可收音，不要拖音。同时，注意“末了儿”的儿化音处理。

11. 说“尔”

要说“尔”专说“尔”，
马尔代夫，喀布尔，
阿尔巴尼亚，扎伊尔，
卡塔尔，尼泊尔，
贝尔格莱德，安道尔，
萨尔瓦多，伯尔尼，
利伯维尔，班珠尔，
厄瓜多尔，塞舌尔，
哈密尔顿，尼日尔，
圣皮埃尔，巴斯特尔，
塞内加尔的达喀尔，
阿尔及利亚的阿尔及尔。

教学重点

本条绕口令练习“尔”的正确发音，以及节奏、停顿的处理。

语言指导

本条绕口令节奏鲜明，像快板，因此，在朗读时需要找准节奏和控制语速。节奏为两个地名一组连读，在第二个地名后稍作停顿。无论地名多长，所用时间需要平均，比如“贝尔格莱德”“安道尔”两个地名，“贝尔格莱德”的语速需要适当加快，这样节奏就好掌握。尔，读音为ěr，发音时，嘴微张，舌前部抬起，舌尖向后略卷，与硬腭形成缝隙；声带振动，发出卷舌元音er。发这个音，特别是卷舌时，只有舌尖向后卷起，舌面尽量不要上抬，更不要过度后收。er属于单韵母，只有一个发音动作，即卷舌一步到位，要注意不要发成aer。

12. 葫芦

墩墩葫芦，压压葫芦，

好汉数不了二十四个葫芦，

说一个葫芦一个蔓儿，

两个葫芦两个蔓儿，

三个葫芦三个蔓儿，

四个葫芦四个蔓儿，

五个葫芦五个蔓儿，

六个葫芦六个蔓儿……

二十四个葫芦二十四个蔓儿。

教学重点

通过本条绕口令，可以练习气息和咬字的配合，保证气息通畅不紧，吐字清晰利落。

语言指导

本条绕口令中多次出现“葫芦”一词，读这个词首先要提起颧肌，避免因双唇撅起而造成字音不清、音色暗淡。

哑巴和喇嘛

13. 哑巴和喇嘛（京腔绕口令）

打南边来了个喇嘛（lǎ ma），

手里提拉（dī le）着五斤鳎目（tǎ ma），

打北边来了个哑巴，腰里别着个喇叭。

南边提拉鳎目（tǎ ma）的喇嘛（lǎ ma），

要拿鳎目（tǎ ma）换北边儿别喇叭的哑巴的喇叭，

哑巴不乐意拿喇叭换提拉（dī le）鳎目（tǎ ma）的喇嘛（lǎ ma）的鳎目（tǎ ma），

喇嘛（lǎ ma）非要拿鳎目（tǎ ma）换别喇叭的哑巴的喇叭。

喇嘛（lǎ ma）抡起鳎目（tǎ ma）

抽了别喇叭的哑巴一鳎目（tǎ ma），

哑巴摘下喇叭打了提拉（dī le）鳎目（tǎ ma）的喇嘛（lǎ ma）一喇叭，

也不知是提拉（dī le）鳎目（tǎ ma）的喇嘛（lǎ ma）

抽了别喇叭的哑巴几鳎目（tǎ ma），

还是别喇叭的哑巴打了提拉（dī le）鳎目（tǎ ma）的喇嘛（lǎ ma）几喇叭。

只知道，喇嘛（lǎ ma）炖鳎目（tǎ ma），

哑巴嘀嘀嗒嗒吹喇叭。

教学重点

本条绕口令的目的是让我们了解京腔的发音特点。绕口令篇幅很长，看起来内容也稍复杂一些，但只要熟练地说好其中几个出现频率较高的词语，如“喇嘛”“哑巴”“鳎目”“喇叭”“提拉”，攻克这个难关，就简单了。

语言指导

“喇嘛”“哑巴”“鳎目”“喇叭”“提拉”这些都是重轻格式的词，可以用声音时值长短对比表现出来。在处理这条绕口令中的长句子时，一口气说完，中间无须停顿，速度平均，读出节奏感。

第三章　小快板

吹牛

1. 吹牛

星期天我到郊区，

碰到了两只蝈蝈和蛐蛐儿，

他们俩正在吹牛皮。

这个蝈蝈说：“我在南山，吃了一只斑斓虎。”

这个蛐蛐儿说：“嘿！～我在北山，一口就吞了半条大叫驴。”

这个蝈蝈说：“我卷卷须，扳倒了万年大松树。”

这个蛐蛐儿说：“我蹬蹬腿儿，踹倒了高山，变成平地。”

这个蝈蝈说：“飞禽走兽，都归我来管。”

这个蛐蛐儿说：“我不管那天上飞的、地上跑的、水里游的、草坑里蹦的，我都给他们定规矩。”

正在这两个家伙说大话时，从村子里，咯咯咯，扑棱棱，飞来了一只芦花大公鸡，一口把蝈蝈吞进了肚子里。

小蛐蛐儿一见有了气，开言有语地骂公鸡："我说公鸡呀？你不该，南山吃了我的亲娘舅，北山吃了我的姑姑姨。四两的棉花你纺一纺，蛐爷爷不是好惹的，今天你犯在我的手里，咱们俩，定要分个上下一高低。"

说完了话，蛐蛐儿蹬蹬腿儿，摸摸牙，卷卷须，往前一蹦——嘿嘿！也喂了鸡！

教学重点

朗读这首小快板不仅要掌握节奏，更要掌握好语气。蝈蝈和蛐蛐儿的对话一句比一句夸张，这种语气的递增需要恰到好处地处理。

语言指导

文中多次出现三音节词，例如"卷卷须""蹬蹬腿儿""扑棱棱""咯咯咯"等，都为中中重格式。这条小快板的节奏感很强，朗读时心里要一直在"打板"；语言俏皮活泼，蝈蝈和蛐蛐儿的对话要有差别，最后一句"嘿嘿"，语调要提高，带出"也喂了鸡"，以兴奋的状态结束。

说英雄

2. 说英雄

中华文明五千年，光辉历史照河山，

自古豪杰都爱国，英雄儿女万万千。

龙的子孙龙的种，龙的血脉紧相连，

龙的气概吞山河，龙的精神代代传。

从小立志爱祖国，热爱壮丽好河山，

维护民族大团结，中华统一大团圆。

热爱祖国最光荣，国家利益重如山，

中华自古出英雄，咱们一个一个往下谈，

最大的英雄是岳飞，精忠报国万古传，

一杆银枪光闪闪，杀得敌人心胆寒，

大战贼寇金兀术，把侵犯的敌人，

一个一个一个一个，一个一个一个一个……

嘿！你还真没完了，

好，咱快点数，岳飞大战金兀术，

把敌人一排一排一排一排，一排一排，

好啦，好啦又没完啦，行，咱一笔带过，

岳飞大战金兀术，把那金兵鞑（dá）子嘁里喀喳脑袋搬，

杀得敌人嗷嗷叫，金兵人仰马又翻，

岳飞是个大英雄，谁能比来谁能攀，

嗨！嗨！不能比不能攀，英雄不能这么算，

时代不同朝代变，论英雄哪能稀里糊涂一块儿连。

教学重点

整个快板格式对仗整齐，读起来朗朗上口。朗读时要求吐字清晰、表达准确，并注意三字词语和四字词语。

语言指导

比如在说“一个一个一个一个……一排一排一排一排……”的时候，就要求同学们首先要吐字清晰，不能语言模糊、连成片地说；那么要想吐字清晰，就要有足够的气息来支撑，平时可以多用《数枣》《数葫芦》这样的绕口令来练习，同时语调也要有起伏。整个小快板都是在讲英雄、赞英雄，在语言情感上就要有气势，要积极、昂扬向上。

3. 诵读经典

合：打竹板，响连天。各位老师、同学，听我言：

A：中华文化生生燃，博大精深最璀璨。

B：炎黄为旗号华夏，龙凤为图汉字传。

C：经史子集典章文，书本积淀不尽然。

D：厚德载物通天地，薪火相传千万年。

合：文化遗产要保护，经典诵读闯新路。

A：闯新路，听我言：

中华诗词传千年，经典诵读记心间。

江山代有才人出，各领风骚数百年。

B：数百年，听我讲：

盘古开天浊清扬，天高地厚乾坤朗。

日月经天星宿张，江河行地浩汤汤。

C：女娲补天日月光，夸父逐日血气张。

精卫填海荡气肠，后羿射日功德量。

神话故事意味长，民族精神积流光。

D：屈原虽然遭放逐，乃有离骚楚辞赋。

左丘劳累终失明，《春秋三传》《国语》著。

合：有志者，事竟成。破釜沉舟，百二秦关终属楚。

苦心人，天不负。卧薪尝胆，三千越甲可吞吴。

A：孔子游历整一生，《论语》习礼传后生。

老子、孟子、庄子、韩非子，墨子、惠子、鬼谷子。

诸子百家应（yìng）运生，百花竞放齐争鸣。

各抒己见散异彩，畅所欲言哲理清。

B：文章西汉两司马，司马相如司马迁。

辞赋《史记》传千载，更记历史三千年。

C：晋陶渊明真风骨，世外桃源饮酒篇，

默然采菊东篱下，悠悠然然见（xiàn）南山。

人生百态皆归真，生活原本是自然。

D：唐诗奇葩精妙伦，登峰造极炉火纯。

意在笔先一气成，千锤百炼益求精。

A：诗仙李白文如人，斗酒百篇惊鬼神。

妙笔生花流水云，羚羊挂角无迹寻。

B：诗圣杜甫忧国民，切中时弊风骨峻。

三吏三别记心中，体恤万民皆苦辛。

C：唐宋八大家个个是典范。

D：他们都是谁？

A：听我说仔细，他们是：

唐代两位是韩柳，宋有曾巩欧阳修。

三苏父子王安石，欧阳公认是领袖啊，是领袖！

合：唐宋八大家，牢牢记心间。

B：中华经典诵读文，四大名著是国粹。

C：三国水浒西游红楼梦，

把咱国粹经典来诵读，把咱中华千古美名来传颂。

D：读书标兵要常搞，书香校园传经典。

诗文诵读需坚持，给咱学生树典范。

A：爱经典、读经典，

B：扬经典、承经典。

C：让伟大的祖国文化更经典，

D：让五星红旗永远飘扬在世界的顶点。

合：对！让伟大的祖国文化更经典，让五星红旗永远飘扬在世界的顶点。

教学重点

这是一首四人合说的快板。表达过程中需要注意四人配合，衔接不能有断层；从朗读中学习、体会中华文化、中华文明的精髓。

语言指导

表达时，要气下沉、咬字清、句流畅，尤其在咬字方面需要字正腔圆。整体风格大气舒展、自信有力。

4. 德、智、体、美、劳谁最重要

群口快板（五名学生演员胸前分别佩带德、智、体、美、劳大字）

合：竹板一打真动听，先给大家鞠个躬。德智体美劳，五个兄弟走上台，高高兴兴唱起来。春风吹，凯歌传，民办教育春满园，素质教育开红花，我的作用顶呱呱。

德：我的品德最高尚，我把雷锋当榜样。

智：我的名字叫智力，考试总考好成绩。

体：热爱体育多运动，身体健康有保证。

美：审美本是我的名，我的美丽在心灵。

劳：不怕脏、不怕累，热爱劳动最可贵。

德：叫声我的好兄弟，团结才能创佳绩。要想成长的道路不走斜，我们必须搞团结。

智：搞团结，没有用，分数就是通行证。谁不知，只要考个高分数，名牌大学都能入。你们四个快下台，光靠我，就能成为好人才。

体：你的说法没道理，好人才，最重要的是身体。锻炼身体多运动，健康才能有保证。要我说，你们全都没有用，赶紧下台别起哄。

美：我的作用特别大，根本不是说大话。要成才，必须懂得真善美，心灵美、语言美、行为美、气质美，这样的美丽才叫美。

劳：你们这是瞎张扬，论作用，谁也不会比我强。勤劳勇敢爱劳动，这样的人才才管用。只要有双勤劳的手，五湖四海随便走。有了我，准不差，你们赶快把台下。

德：嗬！四个兄弟要叫板，个个功夫都不浅。

智体美劳（白口）：那是！最重要的是我，最重要的是我！是我！我！我！

德：好好好，不管你们怎么闹，还是团结最重要。常言道，众人拾柴火焰高，越闹分裂越糟糕。要成才，全面发展是标准，五育并重是根本。

智（白口）：大哥！我最重要。

德(白口)：你什么你！（打快板）今天我先来说说你，你光夸大你自己。学习成绩是重要，你不能，把我品德给扔掉。好人才，从小立下报国志，多为人民做实事。如果心里没品德，不爱家、不爱国，这样的人生没法活，最终变成大恶魔。掌握了科技搞犯罪，危害遍及全人类。

体（对智说）：大哥说得非常对！我问你，你把我放在第几位？没有我的好体格，学问再大也白活。全身上下一身病，知识再多没有用。上了班、请病假，医院里边来住下。一住就是几十年，你说说，分数能值几个钱？

美（白口对智说）：就是……（打快板）你仗着考试成绩好，就把自己当个宝。如果张口说脏话，仍然是个素质差。如果审美观不强，依然是个大饭囊。如果缺少内在美，终有一天会后悔。

劳（对智说）：你的思想有点偏，你应该，把我劳动记心间。爱劳动、促生产，人的目标才能远。如果你，不爱勤劳爱懒惰，会把成功的机会给错过。

德：你们的意见都很好，只可惜，缺少自己做检讨。

智：听了你们一番话，我才知，自己的认识特别差。光有分数不像样，全面发展才叫棒。（对体说）比如你，体格虽然很健壮，品德一定要跟上。如果四肢发达、头脑简单、爱打架，到最后，你会变成大恶霸。

体（对智说）：我恶霸，你恶魔，咱俩谁也甭想活。今天我才明白了，咱们谁都不能少。

美：说得对，说得好，我决心，首先要把学习搞。再把身体来锻炼，多为祖国作贡献。

劳：听完我也很惭愧，不搞团结是不对。劳动必须有技能，没有文化也不行。全面发展德为首，成长路上大步走。

合：对！兄弟五个心连心，黄土也能变成金。

德：品德高尚爱祖国，

智：刻苦学习来拼搏，

体：锻炼身体不放松，

美：审美观念记心中，

劳：劳动风格大发扬，

合：全面发展做栋梁。

对！全面发展做——栋——梁。

教学重点

练习群体快板的表演、"白口"与快板的相互转换，同时让同学们懂得"德、智、体、美、劳"全面发展的重要性。

语言指导

德、智、体、美、劳全面发展，是我们国家教育的一个很重要的出发点。德指的是道德、品德，侧重于做人。一般认为，做人比做学问更重要，所以，我们把它放在第一位。智，指智力。体，指体育、体质。身体，就是革命的本钱。美，指美育，即一个人的健康、高尚的审美情趣。著名艺术家罗丹说过，世界上不是缺少美，而是缺少发现美的眼睛。劳指劳动，社会主义国家每个公民都是劳动者、建设者。德、智、体、美、劳之间是相辅相成、缺一不可的有机整体。因此，不能过分强调某一项，也不能随意省去哪一项。

这个小快板是一个将"德""智""体""美""劳"拟人化的群口小快板。每个"人"都有自己的性格特点，所以在语气、情感上要拿捏准确，了解快板内容想要说明的道理，从而准确地表现出前半部分和后半部分的语气转变。讲"白口"时语言要放松，用口语的表达方式，与快板部分相得益彰，过渡自然，凸显此快板的风格特色。

第四章　古诗词

1. 己亥杂诗

己亥杂诗

〔清〕龚自珍

九州生气恃风雷，万马齐喑究可哀。

我劝天公重抖擞，不拘一格降人才。

译文：

只有惊天动地如春雷般的巨大力量才能使中国大地发出勃勃生机，然而朝野臣民噤口不言终究是一种悲哀。天公啊！请重新振作精神，赐给我们各式各样的人才吧。

注释：

生气：生机勃勃的局面。

恃（shì）：依靠。

喑（yīn）：哑，沉默不语。

万马齐喑：比喻社会政局毫无生气。

究：终究，毕竟。

天公：造物主。

重：重新。

抖擞：振作精神。

降：降生。

九州：中国的别称之一。分别是：冀州、兖州、青州、徐州、扬州、荆州、梁州、雍州和豫州。

风雷：风、雷一般的样子。

教学重点

体会作者的写作感情，根据情感表达需要，运用相应的声音和气息，表达出诗人希望社会变革和期待人才辈出的强烈爱国情感。

语言指导

本诗气势雄浑，表达时要有力度和气势，但要注意对声音的控制，不能字字用力或声嘶力竭。诗的前两句讲述了当时社会不乐观的现状，因此用声可稍低，用气稍弱，“风雷”二字要蕴涵即将爆发的力量，“万马齐喑”四字声音放低、放慢，“究可哀”三字语气沉重；后两句是表达作者的劝说和对国家的希望，因此用声略高，气息偏深，“我劝天公”低起，“重抖擞”陡然提高音高，并加强吐字力度，最后一句用呼吁的口气直抒胸臆。

浣溪沙·游蕲水清泉寺

2. 浣溪沙·游蕲水清泉寺

〔宋〕苏轼

山下兰芽短浸溪，
松间沙路净无泥，
潇潇暮雨子规啼。

谁道人生无再少？
门前流水尚能西！
休将白发唱黄鸡。

译文：

山脚下刚生长出来的幼芽浸泡在溪水中，松林间的沙路被雨水冲洗得一尘不染。傍晚，下起了小雨，布谷鸟的叫声从松林中传出。谁说人生就不能再回到少年时期？门前的溪水还能向西边流淌！不要在老年感叹时光的飞逝啊！

注释：

蕲（qí）水：县名，今湖北浠水县。

浸：泡在水中。

潇潇：形容雨声。

子规：布谷鸟。

无再少：不能回到少年时代。

白发：老年。

唱黄鸡：感慨时光的流逝。因黄鸡可以报晓，表示时光的流逝。

教学重点

此词描写雨中的南方初春，表达了作者虽处困境而老当益壮、自强不息的精神，洋溢着一种向上的人生态度。

语言指导

朗读过程中需要注意前鼻音的发音，例如“浣（huàn）”“门（mén）”“间（jiān）”“山（shān）”这类音在发音归音时，要注意舌尖抵住上齿龈处，舌头其他部位都不要隆起，否则音会归在前后鼻之间，形成错误发音。此词用声偏实，用气略沉，语言清新洒脱，恬淡自然。

3. 天竺寺八月十五日夜桂子

〔唐〕皮日休

玉颗珊珊下月轮，殿前拾得露华新。

至今不会天中事，应是嫦娥掷与人。

译文：

零落的桂花瓣，如同一颗颗玉珠从月亮里面撒落下来，我走到大殿前捡起它们，发现花瓣上边还有星星点点刚刚凝结起来的露水。到现在，我还不知道天上到底发生了什么事。这些桂花和桂花上的雨露，应该是广寒宫里的嫦娥撒落下来送给我们的吧！

教学重点

体会作者的写作感情。作者创作本诗时，正在东游之中，也正是诗人意气风发之时，因此，全诗便理所当然地洋溢着轻松愉悦的基调。

语言指导

整体基调轻松愉悦，咬字不宜过紧，声音适中即可，无须过大起伏。

4. 江畔独步寻花·其六

〔唐〕杜甫

江畔独步寻花·其六

黄四娘家花满蹊，
千朵万朵压枝低。
留连戏蝶时时舞，
自在娇莺恰恰啼。

译文：

黄四娘家的小路上开满了鲜花，千朵万朵压垂了枝条。嬉戏流连的彩蝶不停地飞舞，黄莺叫得十分和谐、动听。

注释：

江畔：江边。
独步：一个人散步或走路。
寻花：找到花仔细欣赏。
黄四娘家花满蹊：黄四娘，人名。花满蹊，指花多得已经占满了小路。
蹊（xī）：小路。
留连：即留恋，舍不得离去。
娇：可爱的。
恰恰：这里形容鸟叫声和谐、动听。

教学重点

全诗语言充满了口语化色彩，将诗人在春天所感受到的快乐准确地表达了出来。

语言指导

以ng结尾的韵母叫作后鼻尾韵母，如“江”“黄”“娘”“莺”，发这类音的过程中，舌根要后收抬起或直接抬起接触软腭，阻塞气流，且动作不能过快，否则会导致后鼻音收音过早，后鼻音成分过多，字音不准确。朗诵时应充分表现本诗蕴含的欣慰与喜悦，“千朵万朵”气息要足，情感饱满，充分表现出美感；后两句“时时”与“恰恰”是重点，处理时语速要放缓，较为夸张地突出，读出动感。

5. 闻官军收河南河北

〔唐〕杜甫

剑外忽传收蓟北，
初闻涕泪满衣裳。
却看妻子愁何在，
漫卷诗书喜欲狂。
白日放歌须纵酒，
青春作伴好还乡。
即从巴峡穿巫峡，
便下襄阳向洛阳。

译文：

剑门关外忽然传来官军收复蓟北的消息，乍听到止不住的泪水洒满了衣裳。回头看妻儿的愁容不知去了何方，胡乱收拾着书不由得欣喜若狂。白日里引吭高歌且须纵情饮酒，春光正好伴我返回那久别的故乡。立即动身穿过了巴峡再穿过巫峡，然后经过襄阳再转向那旧都洛阳。

教学重点

全诗情感奔放，由愁转喜，注意悲喜两种情绪的转换处理。

语言指导

u经常作为韵头出现在字音里，当u出现时，需要提起颧肌，圆起双唇，这样才会把u音发得清晰，否则会影响整个字音的清晰度。本诗表现了安史之乱平定后，作者得知喜讯的复杂情感以及初闻捷报时的喜极而泣。前两句喜悦中包含着愁苦，激动中满含着感叹；处理前四句时，喜悦的情绪要留有余地；后四句淋漓尽致地表现了作者的欣喜与畅快之情。

6. 鸟鸣涧

〔唐〕王维

人闲桂花落，

夜静春山空。

月出惊山鸟，

时鸣春涧中。

鸟鸣涧

译文：

春天的夜晚寂静无声，桂花慢慢凋落。四处无人，春夜的寂静让山野显得更加空旷。或许是月光惊动了栖息的鸟儿，从山涧处时而传来轻轻的鸣叫声。

注释：

涧：两山之间的小溪。

闲：安静、悠闲，含有人声寂静的意思。

桂花：木樨的通称。有的春天开花，有的秋天开花。花瓣晒干可以食用。

空：空寂、空空荡荡。空虚。这时形容山中寂静、无声，好像空无所有。

月出：月亮出来。

惊：惊动，惊扰。

时：时而，偶尔。

时鸣：偶尔啼叫。

教学重点

全诗旨在写静，却以动景处理。朗读时，注意表达出动中有静的意境。

语言指导

要表现作者内心的幽静。表达时，气息及用声变化不可过于夸张；语速放缓，声音柔和自然，情绪要根据诗意变化，但不可大起大落；最需要突出的是第三句，动感强，“惊山鸟”语速可稍稍加快、音高提高。

7. 卜算子 • 送鲍浩然之浙东

〔宋〕王观

卜算子 • 送鲍浩然之浙东

水是眼波横，
山是眉峰聚。
欲问行人去那边？
眉眼盈盈处。

才始送春归，
又送君归去。
若到江南赶上春，
千万和春住。

译文：

水像美人流动的眼波，山是美人蹙起的眉毛。要问朋友去哪里呢？到山水交汇的地方。才刚送走了春天，又要送好友离去。如果你到江南赶上了春天，就千万不要辜负了这美好的景色，一定要留住春天与你在一起。

注释：

卜算子：词牌名。

鲍浩然：诗人的朋友。

水是眼波横：水像美人流动的眼波。

山是眉峰聚：山如美人蹙起的眉毛。

欲：要，想要。

行人：指作者（王观）的朋友（鲍浩然）。

眉眼盈盈处： 山水交汇的地方。

教学重点

这是一首送别的词，但却不像其他诗词一样带有离情别绪，反而以新巧的构思和轻快的笔调取而代之。朗读时，需要运用此情感进行表达。

语言指导

字头分别是“z”“c”“s”的字，如“子”“才”“算”，字头要做到出字有力，叼住弹出。本词整体情感基调轻盈而欢快，朗诵时节奏可稍快，读出节奏感，押韵处重读。下阕“才”“又”应重读，表示时间的短暂；“若到”表示假设，用轻声表达；“千万”表程度，须重读。

8. 石灰吟

〔明〕于谦

千锤万凿出深山，
烈火焚烧若等闲。
粉骨碎身全不怕，
要留清白在人间。

译文：

（石头）只有经过多次撞击才能从山上开采出来。它把烈火焚烧看成平平常常的事，即使粉骨碎身也毫不惧怕，甘愿把一身清白留在人世间。

注释：

石灰吟：赞颂石灰。吟：吟诵。古代诗歌的一种形式。

千锤万凿：无数次的锤击开凿，形容开采石灰非常艰难。千、万，指撞击次数多，不是实指一千一万。锤，锤打。凿，开凿。

若等闲：好像很平常的事情。若，好像、好似；等闲，平常、轻松。

清白：指石灰洁白的本色，又比喻高尚的节操。

人间：人世间。

教学重点

这首咏物诗采用象征手法，字面上是咏石灰，实际借物喻人，托物寄怀，表现了诗人高洁的理想。朗读时，应充分理解古诗的思想内涵，生动准确地进行表达。

语言指导

由作者写作感情出发，表达时，用气深、声音实，表达出一种坚定的语气。前三句语意层层递进，朗诵时情绪也应逐渐加大；第三句将气势、音高、音量推到极致；第四句明志，语势低起，渐渐提高，“清白”二字音高较高，音色明亮，“在”字拉长，音高降低，“人间”是中重格式，“间”字加强并拉长。

9. 论语——学而篇（节选）

论语——学而篇（节选）

子曰：“弟子入则孝，出则悌，谨而信，泛爱众，而亲仁，行有余力，则以学文。”

子夏曰：“贤贤易色；事父母，能竭其力；事君，能致其身；与朋友交，言而有信。虽曰未学，吾必谓之学矣。”

译文：

孔子说：“弟子们在父母跟前，就孝顺父母；出门在外，要顺从师长，言行要谨慎，要诚实可信，要广泛地去爱众人，亲近那些有仁德的人。这样躬行实践之后，还有余力的话，就再去学习文献知识。”

子夏说：“一个人能够看重贤德而不以女色为重；侍奉父母，能够竭尽全力；服侍君主，能够献出自己的生命；同朋友交往，说话诚实、恪守信用。这样的人，尽管他自己说没有学习过，我一定说他已经学习过了。”

教学重点

《学而》是《论语》第一篇的篇名。《论语》中各篇一般都是以第一章的前二三个字作为该篇的篇名。《学而》一篇包括16章，内容涉及诸多方面。其中重点是“吾日三省吾身”“节用而爱人，使民以时”“礼之用，和为贵”以及仁、孝、信等道德范畴。

语言指导

吐字饱满圆润，字头叼住弹出，字腹拉开立起，字尾到位弱收。

10．论语——为政篇（节选）

论语——为政篇（节选）

子曰："道之以政，齐之以刑，民免而无耻。道之以德，齐之以礼，有耻且格。"

子曰："吾十有五而志于学，三十而立，四十而不惑，五十而知天命，六十而耳顺，七十而从心所欲，不逾矩。"

译文：

孔子说："用法制禁令去引导百姓，使用刑法来约束他们，老百姓只是求得免于犯罪受惩，却失去了廉耻之心；用道德教化引导百姓，使用礼制去统一百姓的言行，百姓不仅会有羞耻之心，而且也就守规矩了。"

孔子说："我十五岁立志于学习；三十岁能够自立；四十岁能不被外界事物所迷惑；五十岁懂得了天命；六十岁能正确对待各种言论；七十岁能随心所欲而不越出规矩。"

教学重点

《为政》篇包括24章。本篇主要涉及孔子"为政以德"的思想、如何谋求官职和从政为官的基本原则、学习与思考的关系、孔子本人学习和修养的过程、温故而知新的学习方法，以及对孝、悌等道德范畴的进一步阐述。

语言指导

吐字饱满圆润，语言清晰明亮，语气坚定有力。

第五章　诗歌散文

1. 面朝大海　春暖花开

海子

面朝大海
春暖花开

从明天起，做一个幸福的人
喂马，劈柴，周游世界
从明天起，关心粮食和蔬菜
我有一所房子，面朝大海，春暖花开

从明天起，和每一个亲人通信
告诉他们我的幸福
那幸福的闪电告诉我的

我将告诉每一个人

给每一条河每一座山取一个温暖的名字

陌生人，我也为你祝福

愿你有一个灿烂的前程

愿你有情人终成眷属

愿你在尘世获得幸福

我只愿面朝大海，春暖花开

作者介绍：

海子，原名查海生，1964 年 3 月生于安徽省安庆市怀宁县高河镇查湾村。1979 年考入北京大学法律系，1983 年毕业后任教于中国政法大学。1989 年 3 月 26 日卒于山海关。已出版的作品有长诗《土地》和短诗选集《海子、骆一禾作品集》等。

教学重点

体会海子对美好生活的向往，对充满生机活力、幸福生活的追求。

语言指导

诗中所述内容均为作者拟想，充满了对美好生活的向往，展现了作者自身的宁静与善良。因此气稍沉，用声略实，语气真诚、美好。

2. 童年

黄国辉

童年

什么时候我还托着腮帮
仰望父亲脸上
岁月碾过的道道车辙
冥想着
时光的华丽马车呼啸而至
满载我一个个天真的梦想

什么时候我还趴在母亲的膝旁
耳边的故事像山泉一样流淌
微风的抚摸是催眠的小曲儿
睡梦里
身子在云端悠悠飘荡

什么时候我还牵着风筝的手
躺倒在绿油油的球场
蚂蚁爬上我的鼻头儿
跺着脚抱怨我
压塌了它新婚的洞房

什么时候我还盼望着班级的远足
锅碗瓢盆儿是必备的行装
生一把火期待诱人的饭香
雨点儿们不期而至
结果，只能把它们与欢笑
一起品尝

教学重点

整首诗歌需要同学们用语言营造出一种童年美好而和谐的氛围。

语言指导

本诗抒发了对童年的怀念之情，整体基调充满了怀念、向往。气息略沉，用声虚实结合。诗歌形式整齐，富有韵律感。全诗共分为四段，虽然每段句式相似，但情感却不同，分段熟读后理解每一段的含义及情感。

3. 正能量

华章

正能量

始终保持向上的方向
生生不息承载着希望
是电是火是冬日暖阳
冰冷中能把心房烧烫

纵是草根也需要营养
总在黑夜更渴求光亮
有风有雨有鲜花绽放
收获美好土壤叫善良

仁爱是一把道德标尺
再小的事也量出短长
一方有难众人来帮忙
所有的伤痛都是过往

每个人都是座发光体
正能量靠大家来传递
点燃自己更照亮别人
世界会变得靓丽无比

教学重点

饱含积极昂扬的情感，体会气息向上的涌动和实声朗读的感受。

语言指导

本诗用声须实，表达出气势来，因此表达过程中小腹微收，膈肌运动明显，吐字有力。在朗诵这首充满力量的诗歌时应满含向上的斗志，积极兴奋。每一段有一个主题，开头低起，气势渐高。

4. 有的人

——纪念鲁迅有感

臧克家

有的人

有的人活着，
他已经死了；
有的人死了，
他还活着。

有的人
骑在人民头上：“呵，我多伟大！”
有的人
俯下身子给人民当牛马。

有的人
把名字刻入石头，想“不朽”；
有的人
情愿作野草，等着地下的火烧。

有的人
他活着别人就不能活；

有的人
他活着为了多数人更好地活。

骑在人民头上的
人民把他摔垮；
给人民作牛马的
人民永远记住他！

把名字刻入石头的
名字比尸首烂得更早；
只要春风吹到的地方
到处是青青的野草。

他活着别人就不能活的人，
他的下场可以看到；
他活着为了多数人更好地活的人，
群众把他抬举得很高，很高。

——1949年11月1日于北京

教学重点

诗中描写了两部分人，一部分是像鲁迅一样“为人民”的人，一部分是“害人民”的人；针对不同的人群，我们有不同的情感。通过情感的把握，体会表达语气的不同，继而体会气息和声音的变化。

语言指导

对“为人民”的人，我们赞颂，用声实，用气深；对“害人民”的人，我们藐视、蔑视，用声略虚，用气略浅。全诗慢速朗诵，注意重音的处理，不同的重音有不同的处理方式，一般需要强调意义的字、词、句须重读，如“死”“活”“呵，我多伟大”“不朽”“人民把他摔垮”等，最后一句“很高，很高”前一个“很高”重读，后一个轻一点，有助于表达出诗歌意犹未尽的意蕴。

5. 春日少年情

王俊康

是谁撒下一片银铃笑声，
那么熟悉，那么甜美。
是谁咬着耳朵说莺声细语，
那么动听，那么清脆。
仿佛听到她说，
亲爱的少年朋友，我来了。
请你猜猜，
我是谁？
哈哈，听到了啊，看到了，
别再躲着啦，春妹妹。
我早就猜到，准是你，
你这可爱的调皮鬼。
去年你跟我说再会，
还说今年快快回。
我等得多焦急，
不停地打开心灵的窗扉。

爱的天使——春妹妹，
你是那么慷慨，那么尊贵，
哪里有了你的倩影，
哪里就播下一片春光明媚。
你来到冰封的小河，
冰层融化成淙淙的流水，
你来到沉睡的原野，
原野铺上绿色翡翠。
你来到光秃秃的枝头，
枝头生出绿叶和花蕾，
你来到沉寂的树林
枝叶呼呼长啊你赶我追。
春风里——
百灵鸟歌唱，燕子展翅飞，
小白兔忙着采蘑菇，
小松鼠尾巴摇得像鼓槌。
春光中——
红领巾把春的脚步跟随。
少年少年，祖国的春天，

我们是迎春绽开的红梅。
胸怀远大目标，
面对困难百折不回。
小伙伴们有共同的名字，
这名字叫少年先锋队。
它象征着希望与未来，
我们的名字可与春花比美。
只要祖国召唤，
理想就化作无边的春晖。
春妹妹，好妹妹，
其实你并没有迟迟回。
我早就看到
你婀娜多姿的身背。
在神舟飞船遨游太空时，
有缕缕春风伴随，
化作耳语深情祝福，
好样的，中国杨利伟！
在雅典奥运比赛时，
你为中华健儿喝彩、助威。

春潮涌，刘翔风驰电闪一马当先，
春雷响，中国女排过关斩将树丰碑。
春妹妹，好妹妹，
你还去遥远的波黑，
去阿富汗，去伊拉克，
看望恐怖笼罩的小兄弟、小姐妹。
他们脸上多憔悴，
几回回梦中盼春归，
你吻干娃娃脸上泪水，
你抚平孩子心头的伤悲。

春雨绵绵思绪飞，
岁岁春去又春回，
今朝不相同，
春光分外美。
我对春妹妹说，
春光明媚不陶醉，
红领巾是展翅的雏鹰，
奋发学习有作为。

少年人生无怨悔，

春日里，我把明天来描绘。

为了祖国春常在，

我愿献出百倍热情与智慧。

教学重点

这首诗篇幅稍长，却并不枯燥，内容上充满了童真童趣，把春天、祖国、红领巾等元素融合在一起，和谐而美好。因此，表达要充满朝气和活力。

语言指导

用气不可沉稳，不可虚声过多，语言应活泼明朗，充满活力。诗歌前半部分通过对植物以及动物的拟人化描写，展现孩子们天真无邪的快乐，语言跳跃，充满喜悦。“春光中——”后面表达少年对祖国的责任，语气要坚定，饱含力量与报效祖国的志向。

6. 我们的方阵

吴珹

我们的方阵

我们
吹着小号，
踩着鼓点，
走向
天安门广场。
耳边仿佛
又有礼炮声响，
我们的心儿又和
鸡毛信一起，
穿过封锁线，
迎来黎明的曙光。
那胸前的红领巾，
飘扬着
红缨枪的威风，
我们的步伐，
迈着
小兵张嘎的自豪，

迈向
儿童团员的向往。

我们
从历史中走来，
穿过漫漫长夜，
踏平坎坷，
走出沼泽。
春天的故事，
唱绿了
华夏的希望。
我们的方阵
就像
春天的苗圃，
滋润雨露，
沐浴阳光；
生长着
茁壮的童话，
描绘着

绚丽的风光。

我们的方阵，
像那
欢腾的海洋，
理想和鲜花
一起挥舞，
歌声和白鸽
一起放飞，
向着
辽阔的蓝天，
向着
新世纪的太阳。

我们
从历史走向未来，
有一面旗帜
在前面高高飘扬，
指引我们

走向成熟，

走向新的辉煌……

教学重点

这首诗意为在国庆节的天安门广场上联想到为新中国成立而作出贡献的前辈们，热血沸腾，肃然起敬。结合诗歌，为同学们讲述“鸡毛信”“小兵张嘎”“红军长征”的故事。

语言指导

在天安门广场上的段落为现实部分，联想到前辈们的付出的段落为想象部分。现实部分气息用强控制，可表现出气势，想象部分气息可稍弱，与前部分区分开；如果现实部分气息稍弱，那么想象部分则可以用强控制，表现出新中国的来之不易。

7. 中华少年

李少白

甲：　从巍峨峻拔的高原走来，
　　　我是冰山上的一朵雪莲；
乙：　从碧波环抱的宝岛走来，
　　　我是海风中的一只乳燕；
丙：　从苍苍茫茫的草原走来，
　　　我是蓝天下翱翔的雏鹰；
丁：　从七沟八梁的黄土坡走来，
　　　我是黄河边鲜嫩的山丹丹。
齐：　啊！神州大地生长的希望，
　　　我们是中华的少年！

丁：　九曲黄河让我懂得百折不回，
甲：　莽莽昆仑使我学会立地顶天，
丙：　教我纯洁的是北国的雪花，
乙：　教我热烈的是南疆的红棉。
甲乙：龙的故土，民族的摇篮，
　　　锦绣山川，我们的家园。

甲：　到刚劲端庄的方块字里，

感受“水浒”“三国”的英雄豪气；

乙：　到如歌如画的唐诗宋词中，

领略枫桥的钟声，大漠的孤烟；

丙：　在外婆的歌谣里牙牙学语，

女娲、大禹的故事萦绕耳畔；

丁：　在爷爷的臂弯下蹒跚学步，

冬子、雷锋的脚印引我向前。

丙丁：炎黄子孙，中华儿女，

黑眼睛黄皮肤，不改的容颜。

丁：　五月端阳，心随龙舟把诗魂追赶；

乙：　八月中秋，借皎皎圆月遥寄思念。

丙：　敖包会上，射箭摔跤，尽显小牧民的强悍；

甲：　手捧哈达，欢歌劲舞，献给朋友

美好的祝愿。

乙丙：东方之美滋养着龙的传人，

五千年文化植根在我们心田。

丁：　我们铭记着中华母亲的功德，

更不忘她承受的千灾百难。
黄河纤夫拉不直问号般的身躯，
长城的古砖挡不住洋炮的弹片。
丙：　啊！是七月的星火，南湖的航船，
让东方雄狮从噩梦中奋起。
甲：　先驱者的热血复苏了千年冻土，
神州才露出青春的笑脸，
乙：　“春天的故事”响彻大江南北，
中华啊！展开了崭新的画卷。
甲：　今天，历史和未来将由我们焊接，
时代的接力棒要靠我们相传，
站在新的起跑线上响亮回答：
齐：　少年要谱写中华更璀璨的诗篇！

甲：　不期望脚下处处阳关道，
乙：　不幻想头顶一片艳阳天，
丙：　不迷恋父兄给予的蜜罐温床，
丁：　不忘记“最危险的时候”战歌飞旋！
甲：　要做旗舰去长风破浪，

乙：　要做火箭去推动飞船，

丙：　要像利剑把贫穷斩断，

丁：　要用爱心把世界相连。

甲丁：听，芦笙和唢呐一齐吹响，

乙丙：看，乳燕和雏鹰比翼联翩。

齐：　五十六朵鲜花竞相开放，

　　　装点祖国万里大花园。

甲：　让先辈的英灵自豪地惊叹：

齐：　啊！这就是我的中华！

　　　这就是中华的少年！

教学重点

多人配合完成爱国诗歌的朗诵。甲、乙、丙、丁代表了我国高原、大海、草原、黄土高坡四种特色鲜明的区域，为同学们讲述我国这四种区域的差异，帮助选择正确的语言表达方法。

语言指导

热爱祖国是人世间最纯洁、最博大的情感。本诗作者以新时代中华少年的视角激情赞美祖国，抒发了作为中华少年的由衷自豪之情，同时也表达了中华少年为建设中华而努力的坚强决心。屹立在世界东方的祖国，有着悠久的历史、灿烂的文化，是她哺育了我们、培养了我们。通过积极向上的情感，体会气满声实的表达方式。

由于本诗篇幅较长，采用集体朗诵的方式，要注意句子之间的衔接，情绪、语气要连贯，每位朗诵者都要对全篇诗歌进行深入了解、分析，所求风格统一，又各有特点；在角色选择与语言处理上，要与内容特色密切贴合。

我喜欢出发

8. 我喜欢出发

汪国真

我喜欢出发。

凡是到达了的地方，都属于昨天。哪怕那山再青，那水再秀，那风再温柔。太深的留恋便成了一种羁绊，绊住的不仅有双脚，还有未来。

怎么能不喜欢出发呢？没见过大山的巍峨，真是遗憾；见了大山的巍峨没见过大海的浩瀚，仍然遗憾；见了大海的浩瀚没见过大漠的广袤，依旧遗憾；见了大漠的广袤没见过森林的神秘，还是遗憾。世界上有不绝的风景，我有不老的心情。

我自然知道，大山有坎坷，大海有浪涛，大漠有风沙，森林有猛兽。即便这样，我依然喜欢。

打破生活的平静便是另一番景致，一种属于年轻的景致。真庆幸，我还没有老。即便真老了又怎么样，不是有句话叫老当益壮吗？

于是，我还想从大山那里学习深刻，我还想从大海那里学习勇敢，我还想从大漠那里学习沉着，我还想从森林那里学习机敏。我想学着品味一种缤纷的人生。

人能走多远？这话不是要问两脚而是要问志向；人

能攀多高？这事不是要问双手而是要问意志。于是，我想用青春的热血给自己树起一个高远的目标。不仅是为了争取一种光荣，更是为了追求一种境界。目标实现了，便是光荣；目标实现不了，人生也会因这一路风雨跋涉变得丰富而充实；在我看来，这就是不虚此生。

是的，我喜欢出发，愿你也喜欢。

教学重点

独特的视角、新颖的观点、精美的语言。这是一段激情昂扬、充满感染力的文字。作者运用诗化的语言和一连串的排比句，表达了对出发的热爱。排比句段落看似并列，实为作者感情宣泄的递进。

语言指导

在读排比句时，要注意句与句之间的节奏，要有情感以及语势的变化。因此随着感情的表露，气息和用声需要逐渐加强。

常怀一颗感恩的心

9. 常怀一颗感恩的心

落叶在空中盘旋飘荡，描绘着一幅幅感人的画面，那是大树感恩大地对她的滋养；浪花在大海中翻腾歌唱，谱写着一曲曲感恩的乐章，那是浪花对大海的颂扬。不要抱怨上苍给予你太多的坎坷与沧桑，也不要悲叹命运中有太多的曲折和跌宕。常怀一颗感恩的心，我们体验生活的快乐，沐浴着爱的阳光成长。

有人说，善良的本质就是拥有一颗感恩的心；也有人说，感恩是人世间的美德，它至高无上。感恩我的父母，因为他们给予我宝贵的生命，哺育我们健康成长；感恩我的老师，因为他们带我们品尝知识的琼浆，叫我们放飞青春的梦想；感恩亲爱的党，因为它为我们创造和平安定的环境，播洒阳光让新苗茁壮；感恩伟大的祖国，因为它赋予我们中国人的尊严，巍然屹立于世界东方。多少次带着幸福的感觉进入梦乡，多少次满含着感动的泪花把未来畅想。学会感恩，就会虔诚地面对生活的挑战；学会感恩，带着欣喜与热爱去进行生命的远航。感恩，是一种力量；感恩，是一种境界。

拥有一颗感恩的心，我们就会拥有快乐、拥有幸福，拥有一个美好的未来。

教学重点

生活需要一颗感恩的心来创造，一颗感恩的心需要生活来滋养。感恩，是一个永远不会过时的话题；学会感恩、懂得感恩是每个人的人生中不可或缺的一课。体会气息下沉、实声表达的状态。

语言指导

感恩是发自心底的，因此用声不可以过高，气下沉，声偏实，给人以真诚的感觉。在朗诵时要用中等的语速、柔和的音色，一般用快慢法强调重音。“感恩我的父母”“感恩我的老师”“感恩亲爱的党”“感恩伟大的祖国”四句运用了排比句，语势要逐渐增强。

10．匆匆

朱自清

匆匆

燕子去了，有再来的时候；杨柳枯了，有再青的时候；桃花谢了，有再开的时候。但是，聪明的，你告诉我，我们的日子为什么一去不复返呢？——是有人偷了他们罢：那是谁？又藏在何处呢？是他们自己逃走了罢：现在又到了哪里呢？

我不知道他们给了我多少日子；但我的手确乎是渐渐空虚了。在默默里算着，八千多日子已经从我手中溜去；像针尖上一滴水滴在大海里，我的日子滴在时间的流里，没有声音，也没有影子。我不禁头涔涔而泪潸潸了。

去的尽管去了，来的尽管来着；去来的中间，又怎样地匆匆呢？早上我起来的时候，小屋里射进两三方斜斜的太阳。太阳他有脚啊，轻轻悄悄地挪移了；我也茫茫然跟着旋转。于是——洗手的时候，日子从水盆里过去；吃饭的时候，日子从饭碗里过去；默默时，便从凝然的双眼前过去。我觉察他去的匆匆了，伸出手遮挽时，他又从遮挽着的手边过去，天黑时，我躺在床上，他便伶伶俐俐地从我身上跨过，从我脚边飞去了。等我睁开眼和太阳再见，这算又溜走了一日。我掩着面叹息。但是新来的日子的影儿又开始在叹息里闪过了。

在逃去如飞的日子里，在千门万户的世界里的我能做些什么呢？只有徘徊罢了，只有匆匆罢了；在八千多日的匆匆里，除徘徊外，又剩些什么呢？过去的日子如轻烟，被微风吹散了，如薄雾，被初阳蒸融了；我留着些什么痕迹呢？我何曾留着像游丝样的痕迹呢？我赤裸裸来到这世界，转眼间也将赤裸裸地回去罢？但不能平的，为什么偏要白白走这一遭啊？

你聪明的，告诉我，我们的日子为什么一去不复返呢？

教学重点

散文是心灵的体现，是真情的流露。朗诵散文与朗诵其他文学类型的作品不同的，即使是在作品的高潮，也不会像演讲那样异峰突起、慷慨激昂。

语言指导

本文细腻地刻画了时间流逝的踪迹，表达了作者对时光流逝的无奈和惋惜。因此气徐声柔，朗诵时感情要真实，充分展示出作者倾注在作品中的情感。

第六章　故事

1. 鹿和狼的故事

胡勘平

20世纪初，美国亚利桑那州北部的凯巴伯森林还是松杉葱郁，生机勃勃。有四千只左右的鹿在林间出没，凶恶残忍的狼是鹿的大敌。

美国总统西奥多·罗斯福很想让凯巴伯森林里的鹿得到有效的保护，繁殖得更多一些。他宣布凯巴伯森林为全国狩猎保护区，并决定由政府雇请猎人到那里去消灭狼。

枪声在森林中回荡。在猎人冰冷的枪口下，狼接连发出惨叫，一命呜呼。经过25年的猎捕，有数千只狼先后毙命。森林中其他以鹿为捕食对象的野兽（如豹子）也被猎杀了很多。

得到特别保护的鹿成了凯巴伯森林中的“宠儿”，在这个“自由王国”里，它们自由自在地生长繁育，自由自在地啃食树木，过着没有危险、食物充足的幸福生活。

很快，森林中的鹿增多了，总数超过了十万只。十万多只鹿在森林中东啃西啃，灌木丛吃光了就啃食小树，小树吃光后又啃食大树的树皮……一切能被鹿吃的植物都难逃厄运。森林中的绿色植被在一天天减少，大地露出的枯黄在一天天扩大。

灾难终于降临到鹿群头上。先是饥饿造成鹿的大量死亡，接着又是疾病流行，无数只鹿消失了踪影。两年之后，鹿群的总量由十万只锐减到四万只。到1942年，整个凯巴伯森林中只剩下不到八千只病鹿在苟延残喘。

罗斯福无论如何也想不到，他下令捕杀的恶狼，居然也是森林的保护者！狼吃鹿看起来残忍，却维护着鹿群的种群稳定。这是因为，狼吃掉一些鹿后，就可以将森林中鹿的总数控制在一个合理的范围，森林也就不会被鹿群糟蹋得面目全非。同时，狼吃掉的多数是病鹿，又有效地控制了疾病对鹿群的威胁。而罗斯福下定决心要保护的鹿，一旦数量超过森林可以承载的限度，就会破坏森林生态系统的稳定，给森林带来巨大的生态灾难。也就是说，过多的鹿会成为毁灭森林的罪魁祸首。

这与人们对狼和鹿的认识似乎是相悖的。童话中，狼几乎永远担着欺负弱小的恶名。如，中国“大灰狼”的故事和西方“小红帽”的故事。而鹿则几乎总是美丽、善良的化身。狼是凶残的，所以要消灭；鹿是善良的，所以要保护。罗斯福保护鹿群的政策，就是根据这种习惯看法和童话原则制定的。

凯巴伯森林中发生的这一系列故事说明，生态的“舞台”上，每一种生物都有自己的角色。森林中既需要鹿，也需要狼。仅仅根据人类自身的片面认识，去判定动物的善恶益害，有时会犯严重的错误。

教学目标

通过分析理解文中作者表达的情感。上下文对于狼的态度是有转变的，根据对狼态度的变化，朗读时运用相应的声和气。

语言指导

通过分析，明确狼群不应被猎杀、鹿群增多破坏生态平衡的道理。因此在朗读到狼被猎杀的段落时，我们应该有一种不舍的态度，要注意适当地气沉声重；而在鹿群增多的段落，则需要气短声促，以此类推。全篇多用实声表达。

2. 用心灵去倾听

用心灵去倾听

小时候，家里最让我着迷的是那台老旧的电话机。我发现在这奇妙的电话机里，住着一个无所不知的小精灵。爸爸可以从她那里知道现在几点了，明天天气怎样，火车出发的时间以及爸爸朋友的电话号码。

有一天，我听到妈妈叫她的名字：“问讯处。”我记住了妈妈拨的号码：105。

我终于和“问讯处”说话了。那天，我一个人在家。我乘机偷偷从爸爸的工具箱里找出一把锤子，兴高采烈地拿着它到处乱敲，一不小心敲到了自己的手指上，受伤的手指很快肿了起来。

家里没有人，哭也不会有谁听见。我飞快地跑上楼，拿起电话听筒，拨了“105”，对里面说：“问讯处？”

小精灵果然在里面，她是个有着温柔嗓音的女子。我找到了听我说话的人，不由得放声大哭。我对小精灵说：“我一个人在家，我的手指被锤子砸伤了……”

“你够得着冰箱里的冰块吗？”小精灵用悦耳的声音问我。然后她让我把冰块倒进厨房的水槽里，再拿起一块放到受伤的手指上。我照着做，手指立刻不疼了。我想，这一定是那个叫“问讯处”的小精灵在用她的魔法帮助我。

从那以后，我经常偷偷地和这个小精灵聊天。我总是问她很多事情，比如，“怎么计算一个长方形物体的面积”“西班牙的首都在哪里”“‘修理’这个词怎么拼写”。小精灵总是耐心地回答我的问题，一遍遍地向我解释。我告诉她我叫汤米，我也知道了她的真名：苏珊（shān）。“问讯处”是召唤她的密语。

一天，我心爱的金丝雀突然死了。我非常难过，心比被锤子砸了的手指还疼。我拿起电话找到了苏珊。

“能告诉我为什么吗，苏珊？”我问，“为什么这只整天唱歌的小鸟，突然一动不动了呢？”

苏珊想了想，对我说：“你知道吗，这只可爱的小鸟，它要到另一个世界去歌唱。”

我相信苏珊的话，我想可爱的小鸟的确到了另一个世界，一个比我们这个世界更为美丽的地方，幸福地歌唱。

长大以后，我离开了家乡，也知道了电话是怎么回事。但是我非常想认识苏珊。

终于有一天，我出差经过故乡小镇。我拨通了“问讯处”，试着联系苏珊。

电话里传来了我熟悉的声音，我说：“苏珊？你能告诉我‘修理’这个词怎么拼写吗？”

她沉默了一会儿，说：“我希望你的手指已经好了。”

我们一起大笑起来。

过了一段时间，我终于又回到了故乡小镇。

“请找苏珊。”拿起电话，我立即拨通了“问讯处”，“告诉她我是汤米。”

“对不起，先生。”那个女人说，“苏珊两周前去世了。最近她身体很不好，一直只上半天班，直到最后一天……我们都非常想念她。哦，等等，您说您是汤米？”

“是的，小姐，我是汤米。”

“苏珊给你留了一张纸条，稍等一下……她说你会明白的。”

随后，她给我读了纸条上的留言：汤米，我要到另一个世界去歌唱。

（根据口语表达习惯，原文略有改动）

教学目标

这是一个温馨、感人的故事，要用暖声把故事讲出来，所以气息较深，膈肌运动幅度小，要提起颧肌进行朗读。

语言指导

文中出现了多次苏珊和汤米的对话。儿时汤米的语言充满了好奇，应气细声柔；长大后的汤米也好奇，但是语言却应气沉声柔。苏珊的语言充满了关怀，因此，应气徐声柔。最后一句是全文的情感高潮，表达纸条上的语言时应在平静中带着满满的深情与感动，气息要足、用情要深。

3. 月光曲

月光曲

两百多年前，德国有个音乐家叫贝多芬，他谱写了许多著名的曲子。其中有一首著名的钢琴曲叫《月光曲》，传说是这样谱成的。

有一年秋天，贝多芬去各地旅行演出，来到莱茵河边的一个小镇上。一天夜晚，他在幽静的小路上散步，听到断断续续的钢琴声从一所茅屋里传出来，弹的正是他的曲子。

贝多芬走近茅屋，琴声突然停了，屋子里有人在谈话。一个姑娘说："这首曲子多难弹啊！我只听别人弹过几遍，总是记不住该怎样弹。要是能听一听贝多芬自己是怎样弹的，那有多好啊！"一个男的说："是啊，可是音乐会的入场券太贵了，咱们又太穷。"姑娘说："哥哥，你别难过，我不过随便说说罢了。"

贝多芬听到这里，推开门，轻轻地走了进去。茅屋里点着一支蜡烛。在微弱的烛光下，男的正在做皮鞋。窗前有架旧钢琴，前面坐着一个十六七岁的姑娘，脸很清秀，可是眼睛失明了。

皮鞋匠看见进来个陌生人，站起来问："先生，您找谁？走错门了吧？"贝多芬说："不，我是来弹一首曲子给这位姑娘听的。”

姑娘连忙站起来让座。贝多芬坐在钢琴前面，弹起盲姑娘刚才弹的那首曲子。盲姑娘听得入了神，一曲弹完，她激动地说：“弹得多纯熟啊！感情多深哪！您，您就是贝多芬先生吧？”

贝多芬没有回答，他问盲姑娘：“你爱听吗？我再给你弹一首吧。”

一阵风把蜡烛吹灭了。月光照进窗子来，茅屋里的一切好像披上了银纱，显得格外清幽。贝多芬望了望站在他身旁的穷兄妹俩，借着清幽的月光，按起琴键来。

皮鞋匠静静地听着。他好像面对着大海，月亮正从水天相接的地方升起来。微波浩渺的海面上，霎时间洒遍了银光。月亮越升越高，穿过一缕一缕轻纱似的微云。

忽然，海面上刮起了大风，卷起了巨浪。被月光照得雪亮的浪花，一个连一个朝着岸边涌过来……皮鞋匠看看妹妹，月光正照在她那恬静的脸上，照着她睁得大大的眼睛。她仿佛也看到了，看到了她从来没有看到过的景象，月光照耀下的波涛汹涌的大海。

兄妹俩被美妙的琴声陶醉了。等他们苏醒过来，贝多芬早已离开了茅屋。他飞奔回客店，花了一夜的工夫，把刚才弹的曲子——《月光曲》记录了下来。

教学目标

了解贝多芬创作《月光曲》的经过，体会他所具有的卓越才华和对劳动人民的同情心。

语言指导

本文前七个自然段情节平淡，因此，朗读以气徐声平为主。八、九自然段是重点段，随着情节变化，用气用声也要有所变化。例如乐曲刚响起的时候，旋律较平淡，此时气沉声柔。随着旋律高潮部分的到来，转变为气急声促，最后结尾部分气满声放。可以先为同学们播放《月光曲》，让同学们通过旋律了解故事中的情感。在朗读处理时，心里应一直回响着《月光曲》的旋律，这样才能在语言中表达出准确的情感基调。

4. 卖火柴的小女孩

〔丹麦〕安徒生

天冷极了，下着雪，又快黑了。这是一年的最后一天——大年夜。在这又冷又黑的晚上，一个乖巧的小女孩，赤着脚在街上走着。她从家里出来的时候还穿着一双拖鞋，但是有什么用呢？那是一双很大的拖鞋——那么大，一向是她妈妈穿的。她穿过马路的时候，两辆马车飞快地冲过来，吓得她把鞋都跑掉了。一只怎么也找不着，另一只叫一个男孩捡起来拿着跑了。他说，将来他有了孩子可以拿它当摇篮。

小女孩只好赤着脚走，一双小脚冻得红一块青一块的。她的旧围裙里兜着许多火柴，手里还拿着一把。这一整天，谁也没买过她一根火柴，谁也没给过她一个硬币。

可怜的小女孩！她又冷又饿，哆哆嗦嗦地向前走。

雪花落在她的金黄的长头发上，那头发打成卷儿披在肩上，看上去很美丽，不过她没注意这些。每个窗子里都透出灯光来，街上飘着一股烤鹅的香味，因为这是大年夜——她可忘不了这个。

她在一座房子的墙角里坐下来，蜷着腿缩成一团。她觉得更冷了。她不敢回家，因为她没卖掉一根火柴，没挣到一个钱，爸爸一定会打她的。再说，家里跟街上一样冷。他们头上只有个房顶，虽然最大的裂缝已经用草和破布堵住了，风还是可以灌进来。

她的一双小手几乎冻僵了。啊，哪怕一根小小的火柴，对她也是有好处的！她敢从成把的火柴里抽出一根，在墙上擦燃了，来暖和暖和自己的小手吗？她终于抽出了一根。哧！火柴燃起来了，冒出火焰来了！她把小手拢在火焰上。多么温暖多么明亮的火焰啊，简直像一支小小的蜡烛！这是一道奇异的火光！小女孩觉得自己好像坐在一个大火炉前面，火炉装着闪亮的铜脚和铜把手，烧得旺旺的，暖烘烘的，多么舒服啊！哎，这是怎么回事呢？她刚把脚伸出去，想让脚也暖和一下，火柴灭了，火炉不见了。她坐在那儿，手里只有一根烧过了的火柴梗。

她又擦了一根。火柴燃起来了，发出亮光来了。亮光落在墙上，那儿忽然变得像薄纱那么透明，她可以一直看到屋里。桌上铺着雪白的台布，摆着精致的盘子和碗，肚子里填满了苹果和梅子的烤鹅正冒着香气。更妙的是这只鹅从盘子里跳下来，背上插着刀和叉，摇摇摆摆地在地板上走着，一直向这个穷苦的小女孩走来。这时候，火柴又灭了，她面前只有一堵又厚又冷的墙。

她又擦着了一根火柴。这一回，她坐在美丽的圣诞树下。这棵圣诞树，比她去年圣诞节透过富商家的玻璃门看到的还要大，还要美。翠绿的树枝上点着几千支明晃晃的蜡烛，许多幅美丽的彩色画片，跟挂在商店橱窗里的一个样，在向她眨眼睛。小女孩向画片伸出手去。这时候，火柴又灭了。只见圣诞树上的烛光越升越高，最后成了在天空中闪烁的星星。有一颗星星落下来了，在天空中划出了一道细长的红光。

“有一个什么人快要死了。”小女孩说。唯一疼她的奶奶活着的时候告诉过她：一颗星星落下来，就有一个灵魂要到上帝那儿去了。

她在墙上又擦着了一根火柴。这一回，火柴把周围全照亮了。奶奶出现在亮光里，是那么温和，那么慈爱。“奶奶！”小女孩叫起来，“啊！请把我带走吧！我知道，火柴一灭，您就会不见的，像那暖和的火炉，喷香的烤鹅，美丽的圣诞树一个样，就会不见的！”

她赶紧擦着了一大把火柴，要把奶奶留住。一大把火柴发出强烈的光，照得跟白天一样明亮。奶奶从来没有像现在这样高大，这样美丽。奶奶把小女孩抱起来，搂在怀里。她俩在光明和快乐中飞走了，越飞越高，飞到那没有寒冷，没有饥饿，也没有痛苦的地方去了。

第二天清晨，这个小女孩坐在墙角里，两腮通红，嘴上带着微笑。她死了，在旧年的大年夜冻死了。新年的太阳升起来了，照在她小小的尸体上。小女孩坐在那儿，手里还捏着一把烧过了的火柴梗。

“她想给自己暖和一下。”人们说。谁也不知道她曾经看到过多么美丽的东西，她曾经多么幸福，跟着她奶奶一起走向新年的幸福中去。

教学目标

了解安徒生通过这个童话表达对穷苦人民悲惨遭遇的深刻同情和对当时社会的不满，无情地揭示社会的黑暗和罪恶。

语言指导

小故事前半部分，即奶奶出现前的部分，反映了小女孩生活的残酷，我们要带着同情的感情来表达，此时，气沉声柔。而奶奶出现后的部分，小女孩此时已经渐渐离开当时那个残酷的世界，因此表达转为气多声放。描写小女孩想象的部分语言要优美，表现出幸福、美好的生活画面。“第二天清晨”以后，小故事重回现实，语言满含同情与悲伤。

真理诞生于
一百个问号之后

5. 真理诞生于一百个问号之后

叶永烈

有人说过这样一句话：真理诞生于一百个问号之后。其实，这句话本身就是一个真理。

纵观千百年来的科学技术发展史，那些定理、定律、学说的发现者、创立者，差不多都善于从细小的、司空见惯的现象中看出问题，不断发问，不断解决疑问，追根求源，最后把“？”拉直变成“！”，找到了真理。

洗澡是一件非常普通的事情。而美国麻省理工学院机械工程系的谢皮罗教授却敏锐地注意到：每次放掉洗澡水时，水的漩涡总是朝逆时针方向旋转的。这是为什么呢？谢皮罗紧紧抓住这个问号不放，进行了反复的实验和研究。1962年他发表了论文，认为这种漩涡与地球的自转有关，如果地球停止旋转，就不会产生这种漩涡。他认为，在北半球，洗澡水朝逆时针方向旋转；如果是在南半球，洗澡水的漩涡将朝顺时针方向旋转；而在赤道，则不会形成漩涡。他的这个见解，引起各国科学家的极大兴趣，他们纷纷在各地进行实验，结果证明谢皮罗的结论完全正确。

最有趣的是一位奥地利医生。一次儿子睡觉时，他发现儿子的眼珠忽然转动起来。他感到很奇怪，连忙叫醒儿子，儿子说他刚才做了个梦。这位医生想，眼珠转动会不会与做梦有关呢？会是什么关系呢？他百思不得其解。于是，带着一连串的疑问，他以儿子、妻子、邻居为实验对象，进行了反复的观察实验，最后得出结论：当睡觉的人眼珠转动时，他确实正在做梦。如今，人们研究梦的生理学，便根据眼珠转动的次数和时间，来测量人做梦的次数与梦的长短。

洗澡水的漩涡，睡觉时眼珠的转动，这些都是很平

常的事情。善于“打破砂锅问到底”的人，却从中有所发现，有所发明，有所创造，有所成就。

在科学史上，这样的事例还有很多，它说明科学并不神秘，真理并不遥远。只要你见微知著、善于发问并不断探索，那么，当你解答了若干个问号之后，就能发现真理。

当然，善于发问并不断探索的能力，不是凭空产生的。正像数学家华罗庚说过的，科学的灵感，绝不是坐等可以等来的。如果说，科学领域的发现有什么偶然的机遇的话，那么这种“偶然的机遇”只能给那些有准备的人，给那些善于独立思考的人，给那些具有锲而不舍精神的人。

教学目标

了解只要善于观察、不断发问、不断解决疑问、锲而不舍地追根求源，就能在现实生活中发现真理。

语言指导

本篇文章在讲述一个真理，因此我们要用实声表达，以气足声平为主；可以顺势启发同学们的好奇心与观察力。

第七章　主持词

一、中队会——“我的理想我的梦”主持词

活动目标：

1. 培养学生从小树立远大的理想，激发学生的学习热情，培养学生的自信心，使学生明确学习目的。

2. 联系实际，让学生看到自身的不足，明白为实现美好理想应不怕苦去努力奋斗拼搏的道理。

3. 告诉学生，无论现实如何，一定要坚持自己的理想，对理想和未来充满憧憬与信心。此中队会在小学高年级是非常重要的，是德育教育的一次重要展示。

活动过程：

中队长：全体起立。各小队整队。（各个小队长整队）

中队长：稍息，立正！（转向辅导员，敬礼）六年级一中队主题队会“我的理想我的梦”一切工作准备就绪，请指示！

辅导员：接受你们的报告，并预祝你们的中队会圆满成功！

（辅导员一直在台上，并对每个板块进行点评总结，整个班会在辅导员的指导下完成。）

中队长：出旗（放音乐《少先队歌》）！敬礼！礼毕！

中队长：唱队歌（指挥）

主持人（男）：伴随着这首激动人心的歌曲，我们今天的主题队会拉开了序幕。

主持人（合）：现在我们宣布班中队“我的理想我的梦”主题队会现在开始！

主持人（女）：理想是个诱人的字眼。

主持人（男）：理想是灯塔，指引人生前进的方向，照亮人生前进的道路。

主持人（女）：理想是奋斗的源泉，一个没有理想的人，就像没有了翅膀的鸟儿。

主持人（男）：是啊，没有理想，就没有坚定的方向。

主持人（女）：理想是我们每个人头上的一颗指路明星，它带领我们走向未来，走向希望。

主持人（男）：请听第一小队给我们带来的诗朗诵《我们的理想》。（每人一节）

同学一：

我的理想是什么呢
我的理想是拥有自己的农场
在一片广袤无垠的现代农场里
金黄的土地弥漫着麦香
果子探出头来四处张望
动物们在原野上悠然闲逛
丰收的喜悦在人们嘴角飞扬
那里还有一座炊烟袅袅的农庄
在阳光映照下像城堡一样金碧辉煌
那是美丽热闹的农场
那是我憧憬的天堂
呼吸地里泥草的芬芳
让心情随着麦浪起伏飘荡
漫步在这座神话一样的天堂
让生命在绿色的旷野中释放

同学二：

我的理想是什么
我的理想是做一名旅行家
探索和冒险是我的所爱
环游世界是我的夙愿

小径旁摇曳的花朵为我导向
河水里游动的鱼儿为我护航
树枝上跳跃的小鸟为我歌唱
夜空中闪烁的星星为我照亮
在幽暗的密林里我自由地穿行
在广阔的草原上我尽情地奔跑
在宁静的乡村间我悠闲地漫步
在繁华的都市中我兴奋地游逛
伟大的万里长城
浪漫的埃菲尔铁塔
危险的亚马孙河
神秘的印加遗址
你们不是我旅途的终点
却是我的生命，我的辉煌

同学三：

我的理想是什么
我的理想是做一名非洲志愿者
绿树茁壮成长
花儿绚丽绽放
草原是那飞禽走兽的游乐场
人民虽因贫苦而哀伤

但他们终会勤奋努力积极向上

于是成为志愿者是我的理想

和其他志愿者一样

在非洲筑起爱的天堂

我要抚慰您心的哀伤

我要与您一同开采宝藏

带来医学一起救助生命，与病魔作战

传授科学一起养护您的容颜

为您服务是我不灭的理想

为到您身边，是我现在奋斗的方向

同学四：

我的理想是什么

我的理想是当一名法官

我抬头仰望庄严的国徽

国徽下有我的家，我的战场

面对一切罪恶

我扬起庄严的目光

血液与灵魂一起灼热燃烧

几近疯狂

我要毁灭

那死水般的罪恶

呼唤出悲剧的真相
我就是法官
一个富有正义感
面对黑暗毫不畏缩的法官
我要将你罪恶的双眼蒙上
真诚为本性
法律为身体
让正义成为我们共同的心脏！

同学五：

我们都是班级的成员
我们都有远大的理想
啊！这就是我们多彩的理想
我们绚烂的理想
我们美好的理想
我们远大的理想
理想就是一座难以攀越的高峰
需要我们以勇气和毅力去征服
理想就是一股清凉甘甜的山泉
需要我们用坚韧和耐心去找寻
理想就是布满荆棘的绝地

等待着我们用双脚踏平

理想就是波澜壮阔的大海

等待我们用智慧扬帆远航

当绯红的朝阳升起时

当美丽的鲜花绽开时

当香甜的果实成熟时

当热烈的掌声响起时

让我们一起高呼：世界是我们的！

主持人（女）：请听第二小队为我们带来的朗诵《理想的乐章》。

同学一：

理想，一个既响亮而又充满诗意的名词，它是一种意志，一种精神，一种追求。理想，对于我们来说具有非凡的魅力。我们想像鸟儿一样，在理想的天地间自由飞翔；

同学二：

我们想用冰川雨雪给心灵一次彻底的洗礼；我们想用青春的双脚，去征服生活的崇山峻岭；

同学三：

我们想在夕阳余晖中将跋涉的身形塑成执着的剪影；为了青春的渴望，来吧，让我们一起走向坎坷不平而又遥远的里程！

辅导员：

崇高的理想是一个前进的动力，就像墨要想变成金刚石需要依靠高压和烈火一样，理想的实现同样需要坚定的意志、顽强的毅力和脚踏实地的努力。只有在急风暴雨中才能有豪迈的飞翔，只有用滴血的手指才有可能弹拨出非凡的绝响。

主持人（男）：少年强，则国强。只有从小立下志向，明确理想，才能在理想的指引下，刻苦学习，努力工作，为祖国作出更大的贡献。下面请同学们畅谈理想，说说如何去实现理想！

同学一：

居里夫人曾说过这样一句话："如果能追随理想而生活，本着正直自由的精神、勇往直前的毅力和自己的理想而行，则定能达到至善至美的境地。"这说明我们每一个人都要有自己的理想和奋斗目标。

同学二：

一个人要想获得成功，要有敢于吃苦、敢于战胜困难的精神。也许我们每一位同学都有着色彩斑斓的理想，但有人努力了、奋斗了、锲而不舍地追求了，就可能实现自己的理想，而有些人，遇到困难退却了、碰到艰苦退缩了，那么他那美丽的理想也就破灭了。

同学三：

从某种意义上讲，贫困的生活、艰苦的条件，是激励人们奋发向上、磨砺人才的礁石，多少伟大的人物都是在与贫困作韧性的搏斗中取得成绩。

同学四：

“宝剑锋从磨砺出，梅花香自苦寒来”，要想实现理想、获得科学知识，必须要有不懈努力的奋斗精神。同学们，我们是祖国的希望，让我们把疑难当作获得知识的向导，把挫折当作通向成功的桥梁，为了理想，我们坚定地走向未来。

同学五：

让我们划起勤奋多思的小舟吧，扬着理想的风帆，愿我们都能到达理想的彼岸！

辅导员：

我们要树立崇高的理想，还要为实现理想去努力奋斗。

同学六：

我们知道不是每个人都能够实现自己的理想。有的人在实现理想的这条道路上，确实付出了自己的艰辛，战胜了挫折和失败，那他定然能到达胜利的彼岸。

同学七：

但我们也不排除还有的人没有足够的毅力、半途而废，或者完全把自己的理想抛到了脑后，只追求暂时的轻松欢愉，那他最终能实现理想吗？显然不能。

……

小结

主持人（女）：这个社会上有的人过得轰轰烈烈，有的人过得浑浑噩噩，我们不一定能够轰轰烈烈，但一定不能够浑浑噩噩地度过。

主持人（男）：生存与生活有什么不同呢？动物是生存，而人则应该生活。前人告诉我们人生不能没有理想，我们也一样。

主持人（女）：只有树立了伟大理想，并以自己全部的力量为之奋斗的人，才是最幸福的。有了物质，人才能生存；有了理想，人才能生活。

辅导员：你们每天坐在这教室里，每当你上课不认真时，每当你学习不努力时，每当你怕苦怕累想放弃时，每当你对未来没有信心时，同学们，请你转过头，看一眼你自己立下的理想，你会发现成功就在不远处。

主持人（男）：下面我宣布，六年级一中队“我的理想我的梦”主题队会圆满结束。

二、元旦晚会主持词

<开场词>

甲：新年的钟声即将敲响，时光的车轮又留下了一道深深的印痕。伴随着冬日里温暖的阳光，2016 年元旦如约而至；

乙：在这一刻，我们已经感受到了春的气息，这是我们班级的春天，这是我们学校的春天，这更是我们每个人的春天；

丙：今天，我们相约在这里，享受缘分带给我们的欢乐，享受这段美好时光；

丁：今天，我们相聚在这里，一起用心来感受真情，用爱来融化冰雪；

甲：今天，我们相聚在这里，敞开你的心扉，释放你的激情；

乙：今天，我们相聚在这里，这里将成为欢乐的海洋，让快乐响彻云霄！

丙：今天，我们欢聚一堂、载歌载舞。

丁：今天，我们激情满怀、心潮澎湃。

甲：今天，我们相聚此时，敞开心扉，释放激情。

乙：今天，我们相聚此地，畅游在这欢乐的海洋，让快乐共同分享。

丙：今天，我们送去真诚的祝福。

丁：带着祝愿、带着期盼。

甲：埋藏已久的期盼，化作今日相逢的喜悦。

乙：期盼已久的希望，汇成今日欢乐的海洋。

丙：看，荧光灿烂，那是新年绚丽的色彩。

丁：听，乐歌声声，这是新年动人的旋律。

甲：在这如诗如画的美好时光中，让我们一起庆贺这快乐的节日。

合：2016年元旦晚会现在开始！

<结束语>

甲：踏着青春的节拍，我们向春天走去，一路欢歌，一路笑语，万物在漫天风雪中欣然等待。

乙：激扬着青春的风采，我们向春天走去，一路欢歌，一路笑语，万物在翘首期盼中安然抒怀。

丙：走进春天，走进蓬勃的希望，每一颗青春的心都焕发出缤纷的色彩。

丁：走进春天，走进时尚的动感地带，世界在我们眼前灿烂地舒展开来。

合：2016年元旦晚会演出到此结束。祝大家新年快乐，万事如意！

第八章 歌曲

1. 渔光曲

（电影《渔光曲》插曲）

渔光曲

安娥 作词
任光 作曲
吉聿 制谱

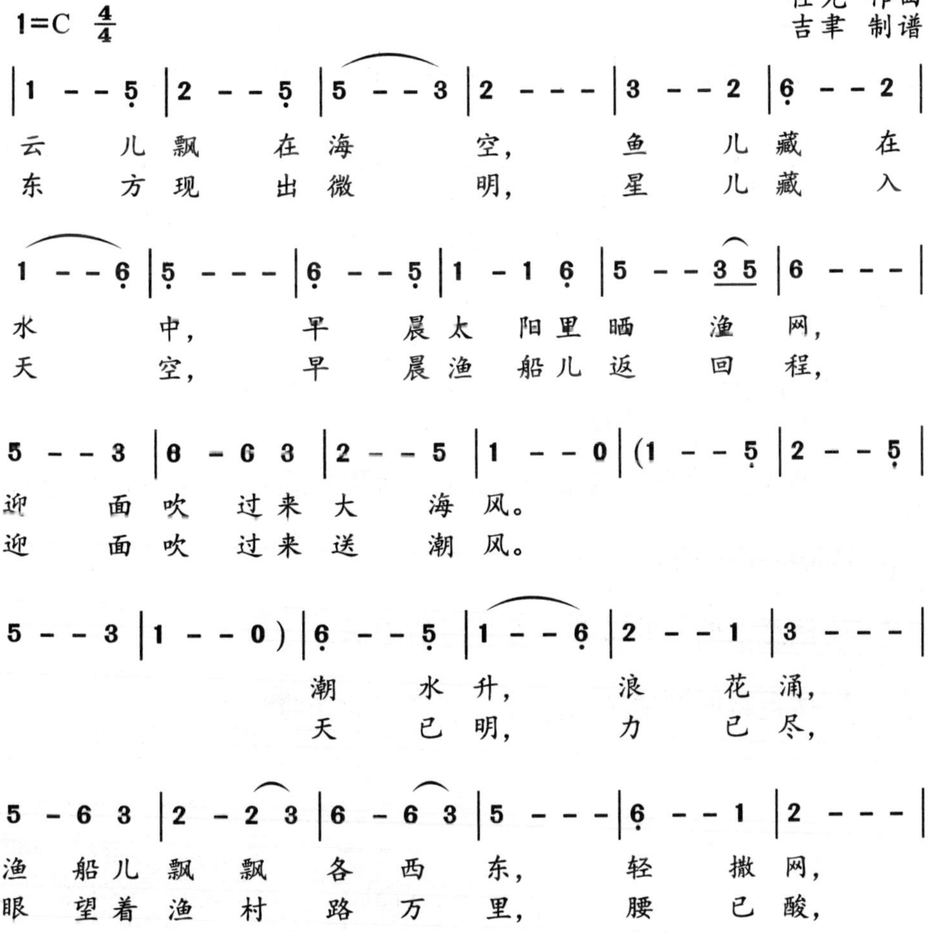

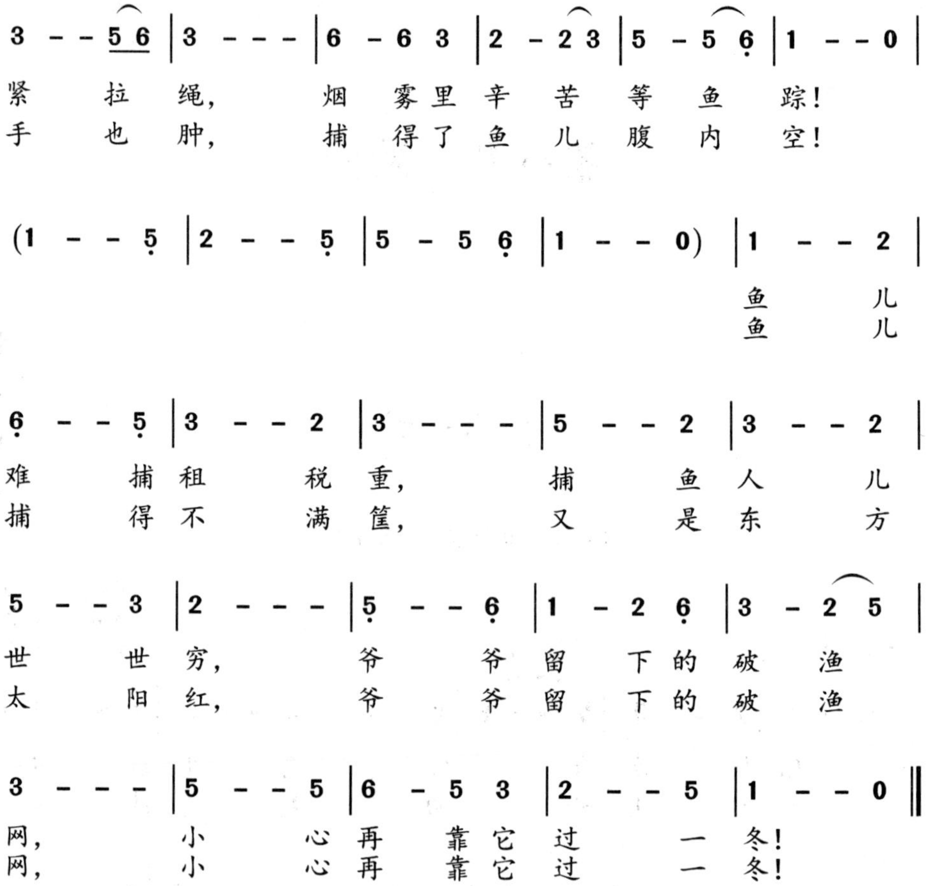

教学目标

1. 指导学生结合发声训练较好地将连贯的呼吸运用到歌曲中，完整演唱歌曲。

2. 注意歌曲中的节拍，要将时值唱满。

3. 体会歌曲的情感与意境，感受《渔光曲》的美。

2. 今天是你的生日

1=♭B 2/4 4/4

深情地

韩静霆 作词
谷建芬 作曲

今天是你的生日

1̇ - - - | 1̇ - - - | 1̇ 0 0 0 ‖

歌。

教学目标

1. 能用柔美、明亮的声音演唱歌曲《今天是你的生日》。

2. 通过对歌曲的演唱，初步认识D.S.重复记号。

3. 感受乐曲对祖国的深情祝福，激发学生热爱祖国的高尚感。

3. 哦，香格里拉

哦，香格里拉

（童声独唱）

1=E $\frac{2}{4}$
中速
(前奏、间奏略)

佚名 词曲

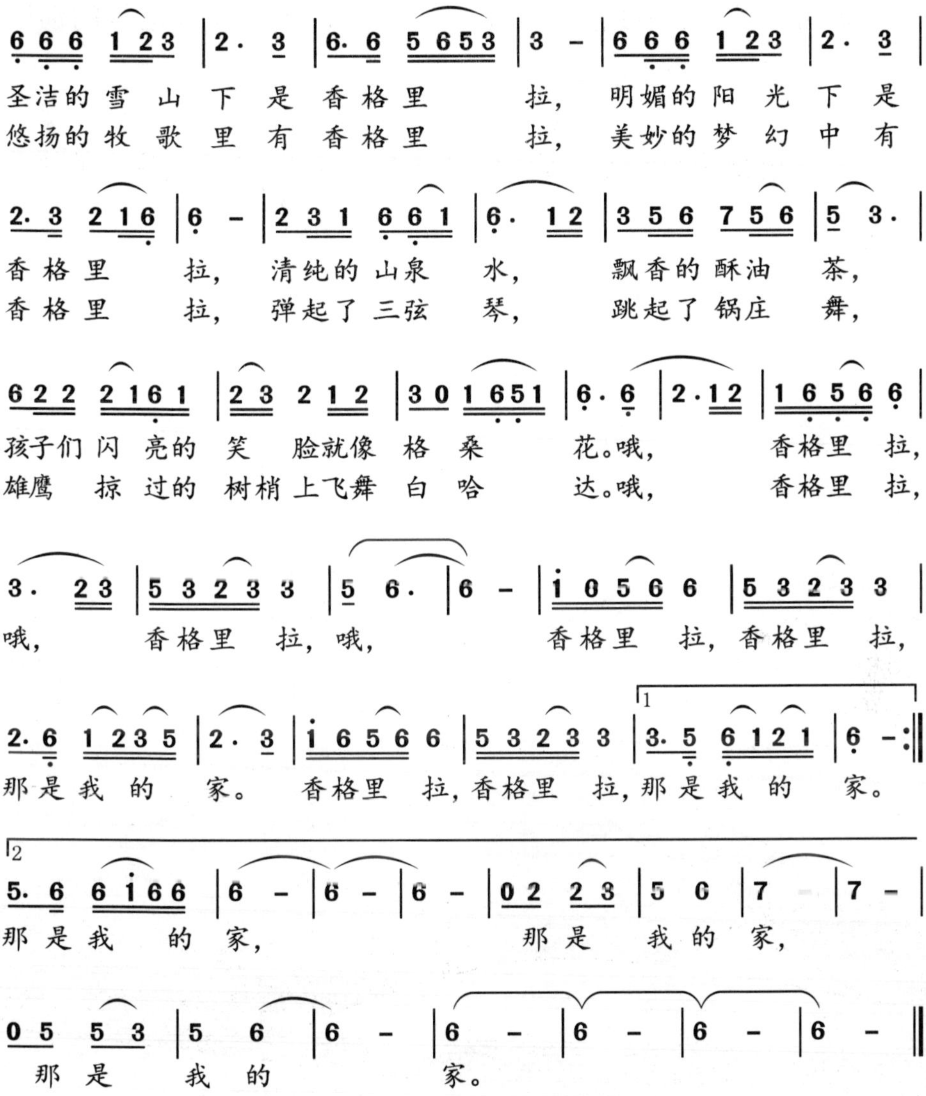

教学目标

1. 能用优美、连贯的声音演唱歌曲，感受藏族歌曲的韵律美。

2. 能够正确演唱前八后十六的节奏，了解反复记号的演唱顺序。

3. 了解藏族的风俗习惯和歌舞特点，感受歌曲中对家乡的热爱之情。

4. 玛依拉

玛依拉

1=E $\frac{3}{4}$

热情活泼

(前奏、间奏略)

王洛宾 词曲

教学目标

1. 能够用轻快、明亮的声音演唱歌曲，感受四三拍子的韵律美。

2. 认识渐强记号、渐弱记号，能够正确地演唱出歌曲的强弱。

3. 了解哈萨克族的风俗习惯和歌舞特点，感受哈萨克民族歌曲的风格。

第九章　形体

少儿舞蹈是一门具有特殊性的舞蹈种类，是少儿艺术教育的重要组成部分。在舞蹈艺术的百花园中，它不仅有着其他艺术种类无法替代的作用，而且从整个舞蹈事业的发展来看，它是一项面向未来的、具有战略意义的基础工程。就此意义而言，优秀的少儿舞蹈作品就显得尤为重要了，它可以陶冶少年儿童的情操，使他们受到美的熏陶，在潜移默化中进行良好道德行为的培养，完善少年儿童的人格。

1.《拾豆豆》（东北秧歌）

《拾豆豆》（东北秧歌）

2.《小骑手》（步伐练习）

《小骑手》（步伐练习）

3.《爱的人间》（再见曲）

《爱的人间》（再见曲）

绿色印刷 保护环境 爱护健康

亲爱的读者朋友：

本书已入选“北京市绿色印刷工程——优秀出版物绿色印刷示范项目”。它采用绿色印刷标准印制，在封底印有“绿色印刷产品”标志。

按照国家环境标准（HJ2503–2011）《环境标志产品技术要求印刷 第一部分：平版印刷》，本书选用环保型纸张、油墨、胶水等原辅材料，生产过程注重节能减排，印刷产品符合人体健康要求。

选择绿色印刷图书，畅享环保健康阅读！

北京市绿色印刷工程